VIE

ET AMOURS

DE

MARION DE LORME.

II.

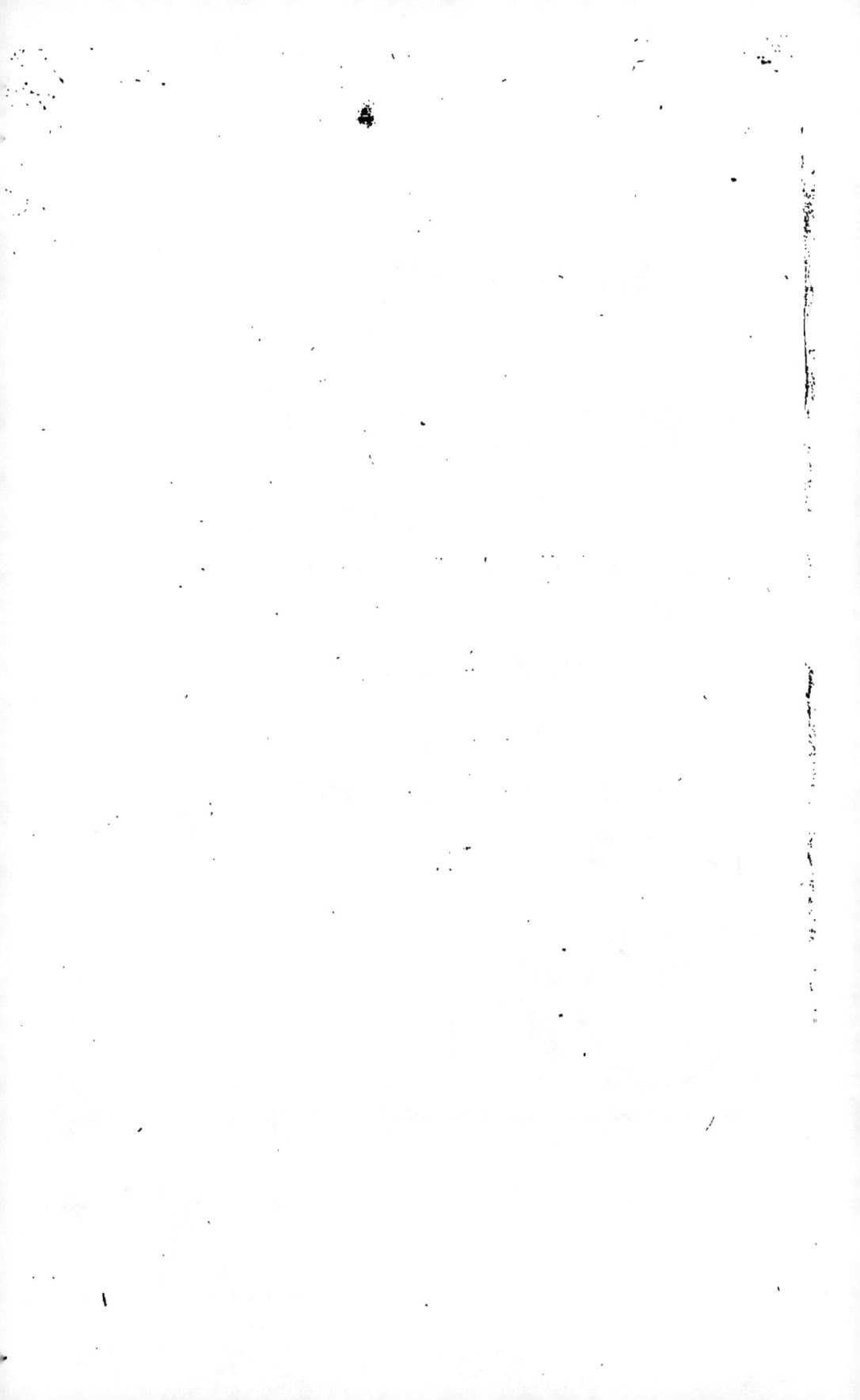

VIE

ET AMOURS

DE

MARION DE LORME,

CONTENANT

L'Histoire de ses liaisons avec les grands personnages de la cour de Louis XIV,

ROMAN HISTORIQUE

Ecrit par elle-même, et publié

PAR M. DE FAVEROLLES.

TOME DEUXIÈME.

....

PARIS,

LIBRAIRIE DE DALIBON,

PALAIS-ROYAL, GALERIE DE NEMOURS, N.ºs 1 A 7.

————

1822.

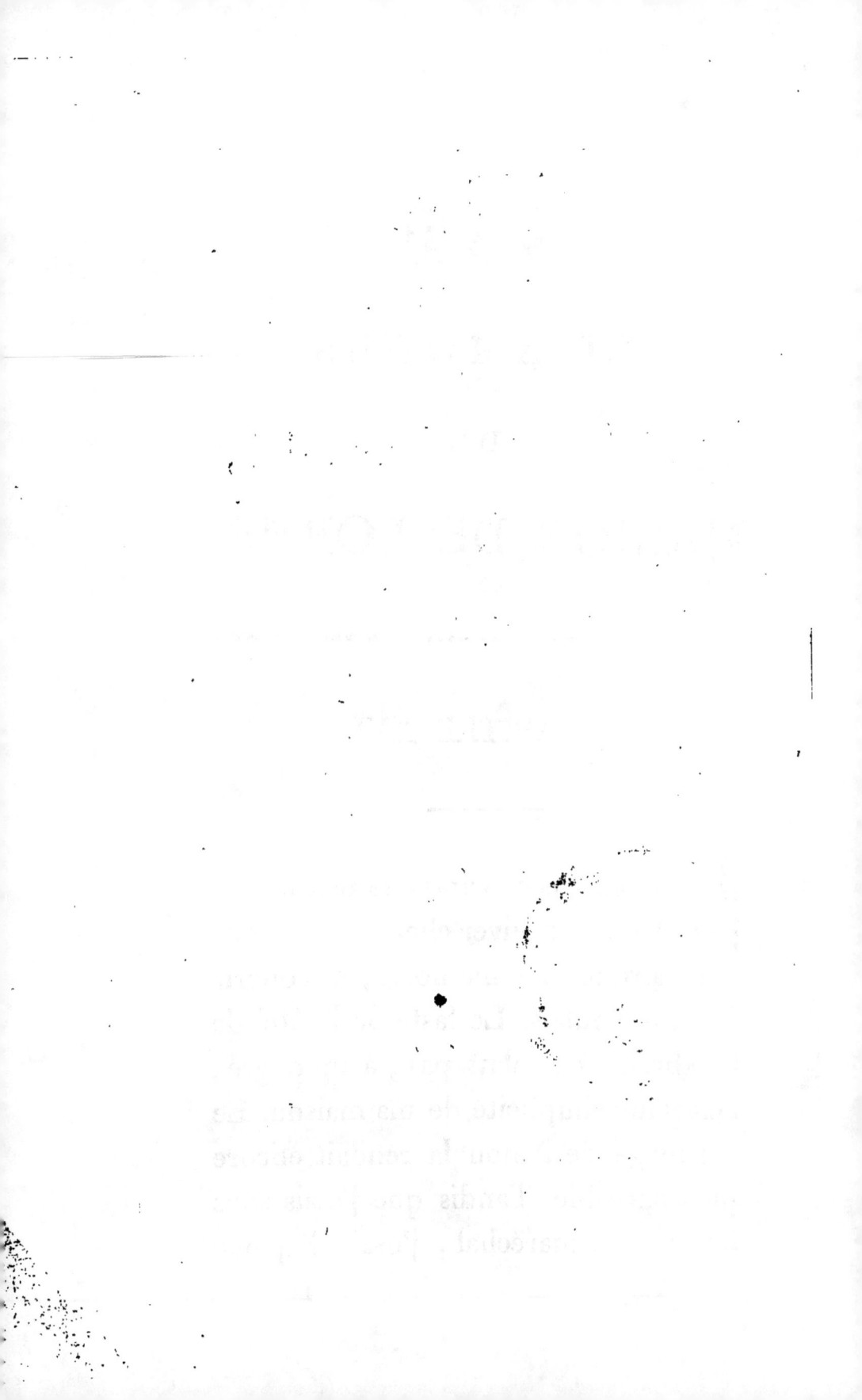

VIE

ET AMOURS

DE

MARION DE LORME.

CHAPITRE XVI.

Je ne saurais exprimer le plaisir que j'eus à me retrouver chez moi, à pouvoir faire fermer ma porte, et l'ouvrir à qui je voulais. Le faste de l'hôtel de Guébriant ne valait pas, à mon gré, l'élégante simplicité de ma maison. Le voisinage de Ninon la rendait encore plus agréable. Tandis que j'étais sous les lois du maréchal, j'osais à peine la voir. Elle sut l'instant que j'étais revenue chez moi , et elle y accourut. « Où étiez-vous donc, me dit-elle, depuis un mois? Le maréchal avait assez bien pris votre absence , parce qu'il vous croyait aux eaux; mais un officier qui était dans le fort Saint-Martin , vous ayant reconnu, a voulu faire sa cour au maréchal , en lui disant que vous étiez venu voir Thoiras et que vous aviez été sur la flotte de Buckingham. M. de Guébriant a été furieux : il est venu chez moi comme un lion. Je me suis moqué de lui , et je lui ai demandé s'il ne vous était pas aussi libre de voyager, qu'à lui de rendre des soins à Chimène. Peu à peu je l'ai calmé , et il est convenu qu'il romprait avec vous sans éclat. Je crois qu'il vous regrettera plus que vous ne serez affligée de sa perte ; car je ne crois pas que sa nouvelle maîtresse ait pour lui la même condescendance que vous aviez.—Et dont j'étais si fatiguée, que je ne saurais vous dire, ma chère Ninon, à quel point je me trouve heureuse d'avoir recouvré ma liberté. » Elle m'engagea à en jouir avec modération, et surtout à ne me mettre dans aucun parti, heureuse si j'avais suivi ses conseils. Ils furent ma règle pendant plusieurs années, qui auraient été les plus heureuses de ma vie, si la mort de Buckingham, assassiné à l'instant où il allait s'embarquer, pour amener devant la Rochelle la superbe escadre que Charles I.er y envoyait, ne m'eût causé le plus vif chagrin. Sa perte me fut très-douloureuse, et d'autant plus qu'elle fut cause que le cardinal s'empara de la Rochelle, et revint comblé de gloire et plus puissant que jamais. Par les conseils de Ninon, je mis dans mes actions et dans mes paroles tant de prudence, que, malgré les troubles et les divisions qui partageaient la France , je ne me trouvai compromise en aucune manière , quoique ma maison fût ouverte aux différens chefs de partis; mais j'avais exigé d'eux qu'on ne parlât jamais de politique à mes soupers , qui furent, pendant bien des années , cités comme les plus agréables de ce temps.

Je continuai , pendant plusieurs années, à mener la vie la plus agréable, et je recevais de temps en temps des gratifications , qu'en vérité je ne méritais guères , qui me donnaient le moyen de vivre de la manière la plus splendide. Desbarreaux , que j'avais revu avec grand plaisir , lorsque je rompis avec le maréchal, continuait à me rendre des soins. Il avait repris son premier ascendant sur moi, et il tranquillisait tellement ma conscience , que je lui devais la paix apparente dont je jouissais ; car, étant parvenue à me persuader que tout finissait avec nous , que le présent était seul réel , je me livrais à tous les plaisirs qu'une jeunesse aveugle me présentait, et je ne remplissais qu'un seul devoir : c'était d'envoyer tous les ans trois mille francs à ma mère, sans qu'elle sût d'où ils venàient , et sans qu'il lui fût possible de me les renvoyer. J'avais appris que mon père était mort. Mes frères avaient pris différens états ; mais tous avaient évité de venir à Paris dans la crainte de me rencontrer.

La pensée que ma famille me méprisait portait dans mon âme un sentiment très-douloureux ; mais je n'avais plus le courage de reconquérir cette estime par mon repentir. J'en aurais conçu le projet, que je n'eusse pu l'exécuter au milieu des séductions qui m'environnaient. Comment se croire coupable , quand Ninon , Villarceau , Saint-Gelin , Desbarreaux , tous ceux enfin qui se faisaient gloire d'être leurs disciples , se riaient de ce qu'ils appelaient mes momens de faiblesse ; cependant je crus que je rentrerais dans le sentier de la vertu , et, ce qui était plus extraordinaire, qu'il me conduirait à la plus brillante fortune que l'on pût imaginer , d'après l'état où le ciel m'avait fait naître ; mais pour apprécier le rang où je crus un moment pouvoir atteindre, il faut connaître celui qu'une passion aveugle avait conduit à ce comble d'extravagance.

Le cardinal , toujours avide de pouvoir, craignant de perdre le terrible ascendant qu'il avait pris sur son maître, ne voyait qu'avec effroi celui que prenaient sur le prince les femmes de sa cour, qu'il honorait de son vertueux amour. Il avait long-temps contrebalancé mademoiselle de la Fayette par madame d'Hautefort , mais celle-ci , depuis la retraite définitive de sa rivale,

paraissait devoir s'emparer entièrement de l'esprit du roi. Le cardinal
imagina de donner au monarque un
favori. On sait les maux qu'ils avaient
faits sous les Valois et avant cette époque, du temps de Charles VII ; mais
que lui importait ? Il savait bien
qu'il leur ferait perdre , quand il
voudrait , la faveur qu'il leur avait
obtenue.

Il approcha donc de la cour l'aimable
Cinq-Marcs. (1) Ses qualités brillantes
plurent bientôt au monarque ; son
cœur était naturellement porté vers
l'amitié, car c'était à ce sentiment qu'il
réduisait l'amour platonique qu'il avait
pour ses maîtresses, et il s'attacha tendrement au beau Cinq-Marcs ; il lui
donna la charge de grand écuyer, qui
n'avait été possédée jusques-là que par

_____

(1) Fils du maréchal d'Effiat.

de très-grands seigneurs. On fut surpris d'une telle grâce, et elle fit des ennemis à M. de Cinq-Marcs qui, bien plus adonné au plaisir, qu'aux intrigues de cour, ne se servait des sommes immenses que le roi lui donnait, que pour enrichir celles qu'il honorait d'un coup d'œil.

Il entendit parler de moi à Saint-Evremont et lui demanda de le présenter chez moi. J'ai oublié de dire que Villarceau avait amené à mes soupers le jeune St.-Évremont, mais sans lui dire qui j'étais, il ne me reconnut pas, il y avait quinze ans qu'il ne m'avait vue, il me trouvait belle, et sachant que j'étais sensible, il se flattait que je le serais pour lui. Je ne sais quel sentiment de pudeur ne me permit pas de répondre à ses vœux, quoique je le trouvasse plus aimable que beaucoup d'autres : mais, je n'avais point oublié que sa mère avait daigné m'en

servir; il me semblait que je ne pouvais avoir pour lui qu'un sentiment fra-
ternel. Dailleurs, je ne voulais pas , si
des circonstances imprévues me rappro-
chaient de cette respectable protectrice
de ma jeunesse qu'elle eut à me reprocher qu'après m'être perdue, j'avais
égaré son fils plus jeune que moi de
sept ans. Je le laissai donc inutilement
soupirer : l'amour-propre lui fit penser
que puisque je pouvais résister à son
amour, j'étais sûrement insensible à
celui de tout ce qui m'environnait. Il
me crut donc aussi vertueuse que belle,
et ce fut ainsi qu'il parla de moi à
M. de Cinq-Marcs, qui sachant que
non-seulement les hommes de la cour
se réunissaient dans ma maison, mais
plus encore les hommes de lettres les
plus intéressans de cette époque, désirait s'y reposer de la faveur importune
dont il jouissait à la cour. Il n'était jamais plus heureux que lorsque près de

1..

moi, il me voyait entourée de ces hommes, qui préparèrent la gloire de ceux qui les suivirent, et dont quelques-uns ne furent point surpassés ; mais si tous ne s'élevèrent pas au dernier degré de réputation littéraire, tous étaient des hommes extrêmement aimables, tels qu'Ablancour dont les traductions élégantes enrichissaient notre langue des beautés des anciens; Benserade jeune encore, mais plein d'esprit; Calprenède qui venait de publier son premier roman; M. de Chambre, qui m'avait reconnue aux Tuileries, pour m'avoir vu chez ma marraine ; Corneille, tout brillant de gloire du Cid; le bel abbé de Goudi (1), à qui on avait fait grand tort de couper les cheveux ; Sarasin qui était de mon âge et me faisait la première juger de ses

---

(1) Depuis cardinal de Retz.

ouvrages pleins de grace et de facilité;
Scaron qui n'était pas difforme alors,
et dont la gaité me charmait; Scudéri
qui avait même engagé sa sœur à être
de nos jolis soupers, et qui me disait
que si ses héroïnes me ressemblaient,
elles feraient tourner la tête de tous les
princes de l'Europe. Celte société était,
je puis le dire, surtout quand Ninon
venait en faire partie, la plus aimable
que l'on put imaginer. Ma beauté, quoique j'eusse alors bien plus de trente
ans, conservait encore toute sa fraî-
cheur. Rien n'était plus élégant que ma
maison : aussi lorsque M. de Cinq-
Marcs me fut présenté par Saint-Evremont, il se crut un instant dans un palais de fées. Je le reçus avec les témoignages de considération que ma beauté
lui rendit précieux, il m'a dit depuis
qu'il n'avait jamais été aussi vivement
frappé qu'il l'avait été par mes grands
yeux noirs, qui lui parurent les plus

beaux qu'il eut encore vus ; le premier
prestige passé, il se rappela que si Saint-
Evremont me regardait comme un mo-
dèle de vertu, Villarceau, Desmaretz,
le Comte de la Ferté, et surtout Desbarreaux n'en mettaient pas leurs mains
au feu. Il résolut donc de m'adresser
des hommages un peu moins respectueux, mais j'y répondis avec une telle
fierté, qu'il crut s'être mépris, et qu'il
était entré par mégarde chez quelque
grande dame. Il voulut prendre en
plaisanterie mon grand air, mais je lui
répondis : « Je sais, monsieur, que
vous êtes un grand seigneur, ayant une
des grandes charges de la couronne,
et jouissant de la plus grande faveur ;
mais toutes ces grandeurs-là, ne peuvent me faire vouloir ce que je ne veux
pas ; vous seriez roi ou pape, ou le cardinal de Richelieu, s'il ne me plaisait pas,
que vous prissiez un ton léger avec moi,
je ne le souffrirais pas ; je suis Marion

de Lorme, de laquelle vous supposez
qu'il ne doit pas être difficile de se faire
aimer : cela est possible, cela a pu être
jusqu'à ce jour ; eh bien! aujourd'hui
cela n'est plus : demandez à Saint-
Évremont, qui m'aime avec toute la
candeur de son âge , eh bien ! il n'a
rien obtenu, et ni lui, ni d'autres n'ob-
tiendront rien , c'est un parti pris. »
Cinq-Marcs ouvrait de grands yeux et
croyait rêver. Quoi c'était Marion de
Lorme qui lui parlait d'une manière si
décidée ! il dit en lui-même, c'est quelque conseil qu'on lui aura donné, mais
elle en reviendra, il s'éloigna de moi et
fut se mettre à une table de Biribi (1),
où on jouait fort bon marché : car je
n'aurais pu supporter le spectacle de
la ruine de ceux qui auraient perdu
leur fortune chez moi.

---

(1) Jeu de hasard fort à la mode.

On servit le souper le plus délicat, où l'esprit pétillait. Ninon fut charmante et ne chercha point à m'enlever une conquête aussi importante que celle de M. de Cinq-Marcs. Elle était loin d'imaginer jusqu'à quel point je me flattais de pouvoir la porter. Je n'en fis confidence à personne, et on verra par quel degré j'amenai le grand écuyer presqu'à mes fins.

Le lendemain matin, M. de Cinq-Marcs se présenta chez moi; mais il n'était pas sur la liste des amis. Mon portier ne le laissa pas monter. Il se rendit chez Saint-Evremont, qui l'assura qu'il n'avait jamais tenté d'obtenir la faveur d'être reçu à ma toilette, et qu'il fallait me la demander. Le favori, qui se rappelait avec quelle hauteur je l'avais traité, ne se souciait pas de s'exposer à un refus. Il crut prendre un chemin plus court : il m'envoya un collier de diamans

de cinquante mille francs , et sup-
posa que je le prierais de venir chercher la réponse ; mais quelle fut sa
surprise, lorsque son valet de chambre lui remit l'écrin et son billet ?
« Que veut-elle , donc dit-il ? Au
moins pouvait-elle se donner la peine
de regarder ces diamans , dont le
choix, fait sous mes yeux, est le plus
parfait qu'on puisse imaginer ? A-t-on
plus loin porté l'arrogance ? Je m'en
vengerai. Dussé-je employer la moitié
de ma fortune pour séduire tout ce
qui l'entoure.

Je m'y attendais , et je me mis
sur mes gardes ; je ne sortais presque
point, que pour aller chez Ninon , et
toujours si bien accompagnée , que
je ne craignais pas d'être enlevée , et,
tant que je restais chez moi , il ne
pouvait pas porter l'audace au dernier degré. Dorothée , qui s'était mariée à mon valet de chambre depuis

quelques années, couchait, ainsi que
son mari, tout près de moi. Je fis
placer dans mon antichambre un lit
de veille, où un de mes laquais passait
la nuit ; l'autre couchait dans le vestibule. Mon portier était veuf, et
avait un fils de vingt ans qui logeait
avec son père ; mon cuisinier et son
aide habitaient aussi le rez-de-chaus-
sée. Il était impossible que Cinq-
Marcs pénétrât chez moi. Il tenta la
voie si facile de la séduction. Des
offres brillantes furent faites ; mais
j'avais alors des valets fidèles, et qui
étaient si heureux chez moi, que je
n'avais pas l'inquiétude qu'ils s'expo-
sassent à être renvoyés.

M. de Cinq-Marcs, désolé de ne pouvoir me voir qu'au milieu d'un cercle
qui ne lui permettait point de s'expliquer, vint conter ses douleurs à Ninon
qui se doutait bien où je voulais en
venir. Et quoiqu'elle trouvât le parti

infiniment hardi, elle ne voulut point le contrarier en paraissant disposée à servir le grand écuyer auprès de moi. Elle qui croyait que j'étais le mieux du monde, avec le cardinal, voulut le faire entendre à Cinq-Marcs et lui faire sentir le danger qu'il y aurait de se trouver rival de ce haineux personnage. Il l'assura qu'elle se trompait. Elle eut beau lui conter l'anecdote du travestissement, il me rendit justice, en assurant qu'il était impossible qu'une aussi belle personne pût s'oublier au point d'être la maîtresse du cardinal, bien plus âgé qu'elle, infirme, et dont les transports ne pouvaient qu'inspirer de l'effroi. « Mais, disait Ninon, il est presque roi, très-magnifique. — Et moi je suis jeune, assez bien de taille et de figure, favori du maître suprême : je dispose de ses trésors et je les mettrai aux pieds de Marion. — Je conviens de tout cela, mais vous ne savez pas mon cher Cinq-Marcs, ce que c'est que le caprice de notre sexe, savez-vous celui qu'elle aime et a toujours aimé? — Qui? — Desbarreaux, c'est lui qui l'a formée ; elle dit qu'il a aggrandi ses idées. Je ne sais trop si on peut donner cet éloge à la triste opinion qui nous resserre dans la sphère bornée des temps, et nous réduit à la condition de la brute. Mais enfin, c'est ainsi que ces messieurs, se persuadent et persuadent à leurs disciples, qu'ils les ont affranchis de tout joug, et par conséquent les pauvres gens se croient de grands personnages. Je souris de la petitesse de leur orgueil, mais enfin, ils ont troublé la raison de Mlle de Lorme, et je crois que vous aurez quelque peine à lui faire quitter celui qu'elle appelle son cher et illustre maître. — En vérité tout ce que vous me dites me surprend à l'excès : mais n'importe : je

ne puis vivre sans elle; sa beauté a sub-
jugé tous mes sens il faut qu'elle soit
à moi, ou que je meure. —Vous prenez la chose bien au grave, mon cher
Cinq-Marcs; au surplus c'est trop heureux dans votre situation. Quel bonheur de trouver des obstacles : un favori, un beau et jeune chevalier, plein
de courage et de grâce, en vérité vous
êtes mille fois trop heureux d'avoir
rencontré Marion, il n'y a qu'elle dans
ce monde qui puisse vous refuser. —
Je me passerais bien de ce triste bonheur, et malgré ce que vous pouvez
dire, ma chère Ninon, je vous conjure
d'employer tout le crédit que vous pouvez avoir sur Marion, pour l'engager au
moins à m'entendre. — J'y ferai ce
qui me sera possible, mais je crains
bien de n'y pas réussir. »

Dès que Cinq-Marcs fut parti, Ninon accourut chez moi : « Etes-vous
folle, me dit-elle en entrant, rendre le

favori malheureux , lui faire comprendre qu'il peut être atteint par le
chagrin , qu'il a une partie faible comme
Achille , réellement c'est mal.—Qui
m'a chargé de la fortune du beau Cinq-
Marcs ? Il m'aime, j'en suis fort aise ;
moi ; je ne l'aime pas , et , si mon indif-
férence l'afflige , il me paraît qu'il vaut
mieux que ce soit lui qu'un autre. Il
a assez de moyens de se distraire , et je
crois au contraire rendre un service
réel à la société en abaissant ce superbe courage. Il est bon qu'il sache
qu'il n'est qu'un simple mortel , et , en
apprenant à souffrir , il sera plus com-
patissant. —En vérité , Marion , je ne
puis vous comprendre , c'est un homme
charmant. —Qui ne me charme pas.
—Voulez-vous que je vous le dise ?
Je vous soupçonne d'avoir une arrière-
pensée ; il est impossible que Cinq-
Marcs vous déplaise. — Aucune. —
Que voulez-vous que je lui dise?—

Rien. — C'est peu de chose. » Desbarreaux entra, et changea la conversation; car Ninon avait trop de tact, pour
ne pas sentir qu'il était inutile de parler
du courtisan devant le philosophe (1).
Je suis enchanté de vous trouver réunies pour vous raconter un évènement
assez bizarre, qui vient de m'arriver.
Je n'ai jamais mis beaucoup d'intérêt
à mon état, et juger les pâles humains
m'a toujours paru fort au-dessus de
moi. La liberté est mon idole, tout ce
qui l'entrave m'est odieux, et le *far
niente* des Italiens m'a toujours paru
le bonheur suprême; aussi je conviens
que je m'occupais peu des affaires dont
j'étais rapporteur; comme cela n'a pas
empêché que je ne les aie presque toujours gagnées, je ne me reprochais pas

---

(1) Quel abus du mot *philosophie? Amour de la
sagesse*, serait-ce donc vous qui enseigneriez
l'athéisme ?

ma paresse ; mais tout ne tourne pas
toujours aussi avantageusement, et vous
allez en juger.

Un père de famille vient chez moi,
et me dit que, sachant que je suis
nommé rapporteur dans une affaire
d'où dépend le sort de sa famille, il
vient pour m'instruire de sa cause.
Je dis en moi-même : tant pis pour lui
que je sois son rapporteur ; car il ne
pouvait être en plus mauvaises mains ;
cependant j'entendis ou je feignis d'entendre tout ce qu'il me raconta du
procès qu'on lui intentait injustement,
et dont la perte ne lui coûterait pas
moins de soixante-dix à quatre-vingt
mille francs. Je me promis pourtant,
vu l'importance de la somme, et l'état
cruel où cette famille était réduite
si elle perdait, d'employer tous mes
soins pour la défendre. Je fis venir, en
la présence de ce malheureux père de
famille, mon secrétaire ; je lui remis les

pièces, lui recommandant de faire un précis de la cause, et de me le remettre le plus tôt possible. Le plaideur me fit les plus grands remerciemens, et j'avais réellement, à cet instant, la ferme résolution de ne rien négliger pour qu'on lui rendît justice ; mais, deux jours après, je n'y pensais plus. Inutilement je trouvais le nom de ce pauvre homme écrit à ma porte; je n'y faisais pas atten-tion. Mon secrétaire me disait : « Mon-sieur, voici le rapport. — Tant mieux, il sera tout prêt. — Mais, monsieur, il y a différentes manières d'envisager... — Et vous, mon cher, vous n'en avez qu'une d'ennuyer, et vous n'en laissez pas échapper l'occasion. Laissez-moi tranquille avec votre rapport, faites-le comme vous l'entendrez ; je ne vous donne pas cent louis d'appointement, pour me casser la tête avec les causes qui me tombent en partage. Faites le rapport, dis-je ; quand il sera fait,

vous me le donnerez tout écrit : je le
lirai à l'audience. » Mon pauvre secrétaire n'osa pas répliquer ; c'est un fort
bon enfant : il a fait de bonnes étu-
des et a une fort belle main , mais
il n'a nulle idée du droit , de sorte
qu'il a pris l'affaire du père de famille
à contre-sens. Je m'en suis bien aperçu
en lisant son rapport ; mais il n'était
plus temps. J'ai espéré que mes confrères se tromperaient à leur tour,
et que la manière dont la cause était
présentée, et qui devait la faire perdre,
la ferait gagner ; mais, par malheur,
mes chers confrères ont suivi mes con-
clusions, ou plutôt celles de mon secrétaire, et le malheureux a perdu son
procès. Il était à l'audience ; j'ai vu le
désespoir le plus terrible se peindre
dans ses traits. Je vais à lui, et je lui
dis : « Montez dans ma voiture, et
venez chez moi ; le mal n'est pas sans
remède. — Eh ! monsieur, comment

pourrai-je faire casser l'arrêt ? il est en
dernier ressort.—Venez et vous verrez
que ce n'est pas aussi mauvais que
vous l'imaginez. » Il ne savait ce que
je voulais lui dire ; cependant il con-
sent à monter dans mon carrosse, et
je le ramène chez moi. »

CHAPITRE XVII.

« Quand nous fûmes dans mon cabinet j'en fermai la porte, et je le priai
de me dire à combien il évaluait la
perte de son procès. — Au moins à
quatre vingt mille francs. — Eh bien !
Monsieur je vais vous en remettre la
moitié (j'avais reçu la veille un remboursement de 40,000 fr.) et une obligation pour somme pareille dans deux
mois.—Quoi ! monsieur, et qui vous
oblige à un tel sacrifice ?—Le devoir le

plus impérieux ; c'est moi qui suis
cause que vous avez perdu votre procès ; c'est la négligence que j'ai eue de
m'en rapporter à mon secrétaire, dont
je devais connaître l'incapacité , puisque j'avais préféré m'attacher un homme ayant des connaissances littéraires,
faisant agréablement des vers, plutôt
qu'un bon praticien. J'ai eu tort, je le
répare : mais comme je ne pourrais toujours réparer ceux que j'aurais sûrement encore, je vais vendre ma charge, et me livrer entièrement à l'heureuse oisiveté du Parnasse.

Ce pauvre homme ne pouvait concevoir ce qu'il entendait; il ne voulait rien
recevoir, puis, pressé par moi, il n'acceptait que le tiers , au plus la moitié.
Aussi j'ai fini par lui dire que s'il n'acceptait pas tout , j'enverrais le reste à
l'Hôtel-Dieu : l ia bien fallu qu'il cédât.
J'avais dit que l'on n'ôtât pas les chevaux de ma voiture ; j'y ai fait placer

les quarante sacs et je l'ai ramené chez lui.

Déjà sa femme avait su que le procès était perdu. Elle était au désespoir; quand elle vit son mari et autant d'argent, elle ne comprenait rien à cette aventure, et, pendant qu'il la lui expliquait, je me suis dérobé à des remercîmens qu'ils ne me doivent pas.

J'ai été de suite chez M. le premier président, et l'ai prévenu que je vendais ma charge : le prix m'acquittera avec cette famille, que ma paresse avait ruinée; mais je ne saurais vous dire combien je suis content de n'être plus rien, et de pouvoir me livrer à tous mes goûts, sans nuire à personne.» Nous lui marquâmes notre admiration de son désintéressement ; il m'assura qu'il n'avait fait que ce que tout autre aurait fait à sa place.

Je ne puis quitter cet objet, sans rapporter ce qui se passa entre moi

et un zélé catholique, près d'un demi-
siècle après. Celui-ci avait pris à moi
un si grand intérêt, qu'il voulait le prolonger au-delà du temps, il me disait
que la morale chrétienne était la seule
qui pût conduire l'homme dans le
sentier de la vertu. Me souvenant alors
du trait de mon pauvre ami Desbarreaux; je me hâtai de le citer, tel que je
viens de le rapporter. Il m'écouta avec
une grande attention, et, comme il
gardait un instant le silence, je croyais
l'avoir convaincu. Quand il me répon-
dit: « Vous êtes glorieuse de pouvoir
attester que cette action est d'un athée,
comme la preuve que le seul amour
de l'ordre peut porter à des actions
héroïques. Eh bien! je vous dirai qu'en
rendant justice à la générosité de ce
repentir, si Desbarreaux eût été chré-
tien, il n'eût pas eu besoin de faire un
aussi grand sacrifice, pour réparer une
faute qu'il n'eût pas commise; car

l'homme que la religion éclaire remplit
avec une exactitude scrupuleuse ses
devoirs ; ainsi votre ami, loin de s'en
remettre à son secrétaire du soin de
faire son rapport , l'aurait fait lui-
même, et n'aurait pas employé son
temps à se livrer aux plaisirs opposés
à la gravité de son état , et ainsi il n'aurait pas été cause de la ruine de cette
famille. Il aurait laissé à la sienne sa
fortune intacte, et des souvenirs hono-
rables par la manière dont il aurait
rempli les fonctions respectables dont
la providence l'avait chargé. Je ne pus
rien répondre à cet argument, et il ne
fut pas entièrement perdu ; car je me
le rappelai, quand il ne me resta sur la
terre d'autres ressources que celles qui
m'étaient offertes par cette religion, qui
n'est outragée que parce qu'elle n'est
pas connue.

« Savez-vous que j'étais près de quitter le livre à la fin de votre ennuyeux

sermon ? est-ce pour nous faire lire
une homélie, que vous écrivez votre
histoire ? en vérité, sur le titre on ne
s'en douterait pas. — On sait le pro-
verbe. — J'en conviens, mais enfin
c'est l'histoire de votre jeunesse que
nous voulons. — J'y reviens.

Ninon qui savait très-bien vivre,
pensa que Desbarreaux voulait avoir
la récompense de sa belle action, et
elle nous laissa. Après nous être dit
tout ce que l'attachement le plus tendre et le plus constant peut inspirer,
nous parlâmes de Cinq-Marcs ; son
opinion sur le mariage était toujours
la même. Il ne le regardait que comme
un lien social qui assurait l'état des
enfans sans imposer d'autres devoirs
que ceux de la nature. Cette morale
qui m'avait révoltée à dix-huit ans, me
paraissait si commode à plus de trente,
que je n'étais pas loin de l'adopter. J'aimais bien plus M. de Cinq-Marcs, que

je n'avais aimé Desmaretz , et j'avais
voulu épouser celui-ci, qui avait trouvé
le moyen de se passer du sacrement ,
et avec qui je n'avais plus aucune tendre
relation, ne le voyant plus à peine chez
moi. Desbarreaux me disait : « Vous
avez bien pensé vous marier avec votre
premier amant.—Je n'en sentais pas les
conséquences , je ne connaissais pas
le prix de la liberté ; d'ailleurs , m'a-t-il
offert sa main ? » Dans le vrai, c'était là ce
que je voulais, mon orgueil était flatté
d'être la femme d'un grand écuyer ,
d'un des plus beaux hommes de la
cour, du favori du Roi, mais surtout
de me trouver, par ce moyen, affranchie
du joug du cardinal, pour qui ma haine
allait toujours croissant , et portant
mes espérances bien au-delà de ce
qu'elles devaient être, je convins avec
Desbarreaux que j'avais en effet rêvé ce
beau mariage, et que j'étais bien décidée à tout employer pour y parvenir.

Desbarreaux me fortifia dans ce projet, d'autant plus raisonnable, suivant
lui, que le sacrifice qu'il venait de faire,
le mettait hors d'état de soutenir la dé-
pense de ma maison, que les prodi-
galités de Buckingham avaient porté à
l'état le plus somptueux, et il ajouta :
en nous mariant (ce qu'il disait je crois
par politesse), il faudrait renoncer à
la pension du cardinal, que je ne voudrais pas que la femme qui porterait
mon nom, reçût. Alors nous serions
pauvres, et forcés de quitter une société
brillante et qui fait vos délices, au lieu
qu'en épousant M. de Saint-Marcs,
vous jouiriez de la fortune que les bontés du maître augmenteront chaque
jour; vous auriez part à sa faveur, et
alors, loin que votre cercle se trouvât
resserré, il ne ferait que s'accroître et
n'empêcherait pas que nous ne trouvas-
sions l'instant de nous prouver que rien
ne pouvait altérer notre mutuel attache-

ment; ces instans plus rares, plus en-
vironnés d'obstacles en seraient plus
délicieux, car, il faut en convenir, le
mystère et les difficultés réveillent
l'amour qui s'endort quand rien ne
s'oppose à ses désirs; je le répète, cette
morale était malheureusement devenue
la mienne; et nous convînmes que de
cet instant à celui où je serais la femme
de Cinq-Marcs, nous éviterions avec
grand soin tout moyen d'éveiller la jalousie du grand écuyer, et nous nous
fîmes d'aussi tendres adieux que si nous
eussions dû faire l'un et l'autre un long
voyage ; quant à moi, c'était assez vrai,
car j'allais m'embarquer sur une mer
orageuse, sans aucune connaissance des
écueils qui m'y attendaient et qui
faillirent m'engloutir.

Cinq-Marcs, au désespoir du peu de
succès de ses démarches, me fit offrir
de m'épouser secrètement, parce que
disait-il, il était mineur; il se trouvait.

encore pour deux ans, sous l'autorité
de sa mère qui, comme je le savais,
était bien avec le cardinal. Je fis réponse que n'ayant point d'amour pour
le grand écuyer, car je cachais avec soin
les progrès qu'il faisait sur mon cœur,
je ne voyais pas la nécessité de me
ployer au joug du mariage, sans en avoir
les honneurs. Que c'était bon pour une
amante passionnée, qui, en mettant à
couvert ses principes, sacrifierait sa réputation à la vivacité de son amour ;
mais que pour moi j'aimais trop la
liberté pour la perdre, et n'avoir qu'un
état précaire.

Cette réponse déconcerta Cinq-Mares
qui résolut, à quelque prix que ce fût, de
se rendre maître de moi. J'ai déjà dit
que l'argent ne lui coûtait rien : il fit
acheter par son secrétaire une maison
dont le mur était mitoyen de la mienne
et cet homme, que je ne connaissais
pas, vint s'y établir sur-le-champ sous

le nom du baron de Sastenacre : sa femme , sa fille et deux autres enfans vinrent y loger avec lui. Ils avaient un équipage , des gens en livrée , rien ne ressemblait moins à une intrigue que cet établissement : j'entendais dans la journée des coups de marteau, qui ré-pondaient à ma chambre à coucher, mais je n'en étais pas inquiète. Des gens qui viennent occuper une maison y font nécessairement quelques change-mens, qui obligent à y avoir des ou-vriers, et je ne me doutais de rien. Le grand écuyer, venait toujours à mes soupers, et, pour me donner le change, il paraissait avoir renoncé à moi, et s'occuper de Ninon, qui savait bien à quoi s'en tenir, et faisait semblant de recevoir des hommages dont elle con-naissait toute la fausseté. Je plaisantais avec elle de sa nouvelle conquête , et elle répondait, avec son enjouement ordinaire : « Au moins vous ne doutez pas que c'est à votre refus, et je crois que cela vous est assez glorieux : car rarement je donne asile aux désespérés. Mais enfin c'est un moment de pitié qui s'est emparé de moi; au surplus, je vous le rendrai dès que vous le voudrez. » Je l'assurai que je n'en avais pas de regret, et nous parlâmes d'autres choses.

Cependant je me reprochais bien d'avoir eu la fantaisie de vouloir être publiquement la femme du favori, était-ce donc rien, me disais-je, de l'avoir amené à ce point ? L'ambition m'ôte la possession d'un cœur sur le quel j'aurais eu un grand plaisir à régner. Mais pour rien au monde je ne voulais revenir sur mes pas.

Un mois se passa ainsi, sans que je pusse comprendre que Ninon m'eût enlevé Cinq-Marcs, qu'elle n'aimait pas : elle qui n'avait nulle ambition, qui ne souillait jamais les faveurs qu'elle

accordait à ses amans , par un sordide
intérêt,et je me sentais réellement bles-
sée et par l'amitié et par l'amour. Un
soir, que j'avais un très-grand souper
où devaient être les ambassadeurs d'Espagne et d'Autriche ; j'avais voulu que
tout annonçât la magnificence et la délicatesse dans ce repas , pour prouver
aux étrangers, que nous avions dans ce
genre, la supériorité sur toute l'Europe;
chacun soutient la grandeur nationale
à sa manière:il est vrai que nos beaux es-
prits qui s'y trouvaient aussi,inspiraient
encore plus d'admiration que mon cuisinier ; et ce n'était pas peu dire.

Cinq-Marcs continua le rôle qu'il
avait entrepris , parut éperduement
amoureux de Ninon , qui ne semblait
pas insensible aux hommages du grand
écuyer; je ne sais quelle humeur me
saisit pendant le souper, mais je me
surpris avoir vraiment de la jalousie
contre mon amie; il me paraissait qu'elle

aurait bien pu me laisser le tems de la réflexion, et qu'elle avait assez d'autres moyens de célébrité, sans m'enlever le seul que j'eusse ; mais pour rien au monde je n'aurais voulu me plaindre. Le jeu se prolongea une partie de la nuit, et ce ne fut pas sans dépit, que je vis le grand écuyer et Ninon disparaître dès minuit. Si je n'avais pas cru devoir des égards particuliers aux excellences, je me serais plaint d'un mal de tête, pour avoir le prétexte de me retirer, et je ne sais si je n'aurais pas porté la folie jusqu'à aller chez Ninon, pour reprocher à Cinq-Marcs, son infidélité, mais enfin je me contraignis, et, à trois heures du matin, je me trouvai libre. Je réfléchis qu'il était trop tard, que je ne pouvais surprendre le coupable, que sûrement il n'était plus chez ma perfide amie, et qu'il fallait attendre pour faire à l'un et à l'autre les reproches que j'imaginais qu'ils méritaient.

Je me couchai, et l'aurore qui paraissait, et qui toujours invite au sommeil lorsque l'on ne s'y est pas livré
pendant la nuit, ferma mes yeux, et je
m'endormis si profondément que je
n'entendis point le bruit que dut nécessairement faire M. de Cinq-Marcs en
arrivant dans ma chambre, par une ouverture qu'il avait fait pratiquer dans
la muraille et qu'une tapisserie de haute
lisse recouvrait; de sorte que je ne m'ap-
perçus pas que l'on avait, pendant la
soirée, enlevé la dernière assise qui em-
pêchait la communication d'une chambre dans l'autre. Il arriva droit à mon lit
et paraissait disposé à porter la témérité
au dernier point, quand, heureusement,
je me réveillai. L'effroi qu'il me causa
fut extrême, je ne le reconnus pas au
premier abord, et je ne fus pas plus
rassurée quand je vis que c'était lui ;
je voulus sonner, je trouvai que l'on
avait coupé le cordon de la sonnette

qui était au chevet de mon lit ; c'est inutile, me dit-il, vous n'avez ici aucun de vos gens. « Et où sont-ils, dis-je, avec une surprise extrême ? — Chez moi, où ils vous attendent.

C'est un parti pris auquel rien, ma chère Marion, ne peut vous soustraire: ou vous allez venir avec moi par cette ouverture que je me suis ménagée par des moyens que je vous expliquerai plus tard ; et vous trouverez dans ma maison, comme je vous le dis, un autel préparé et le curé de Saint-Paul ; qui nous attend pour bénir notre union ; ou je vous déclare que vous ne pouvez vous soustraire à mes transports.—Que dites-vous ? ô ciel ! quelle alternative ! — Vous n'en avez pas d'autre, ou être ma femme ou ma maîtresse ; choisissez. —Je ne veux être ni l'une ni l'autre. — C'est impossible autrement. Et je vis qu'il se disposait à porter l'audace jusqu'au dernier point. — Vous

le voulez; malgré l'irrégularité d'un semblable mariage, je dois encore préférer
ma propre estime à mon attachement
à la liberté. Je vous suivrai. Il se jeta
à genoux près de mon lit, et me sup-
plia de ne pas retarder son honheur;
qu'il avait été obligé d'attendre qu'il
fît jour, parce que le curé n'aurait pu
dire la messe avant. Je n'avais pas à
craindre d'être trompée par un ministre supposé, car je connaissais le curé
de Saint-Paul que j'avais vu plusieurs
fois; parce qu'il venait chez moi pour
obtenir des secours pour ses pauvres
paroissiens, j'étais donc parfaitement
tranquille de ce côté: mais il fallait me
lever, m'habiller; j'aurais voulu avoir
une de mes femmes. Il m'assura que
cela ne se pouvait pas, que je pouvais
me retirer dans ma ruelle, où on avait
eu soin de préparer tout ce qui pouvait m'être nécessaire pour le moment,
qu'une fois de l'autre côté, je trouverais

mes femmes et une toilette digne de ce
beau jour , qu'au fond du cœur je ne
redoutais pas autant que je le disais :
mais j'étais toujours fâchée que ce mariage qui restait enseveli dans le mystère, ne changeât rien à mon état ap-
parent, ce qui ne pouvait flatter mon
amour-propre. Il fallut bien cependant
céder aux volontés de celui qui allait
être mon maître.

Je passai dans ma ruelle , où était
préparé le deshabillé le plus galant. Je
voyais avec une sorte de rage que tout
avait été préparé pour m'amener où il
voulait, et je ne doutais pas que lui et
Ninon ne m'eussent jouée comme un
enfant, ce qui me désolait. Enfin je re-
parus et Cinq-Marcs me donna la main
pour passer d'une maison dans l'autre,
et , après avoir traversé deux ou trois
pièces , où il avait eu soin qu'il n'y eût
personne, afin que l'on ne pût venir
à mon secours, j'entrai dans un fort beau

cabinet de toilette où mes femmes m'attendaient. Le grand écuyer se retira : mais à peine était-il sorti, que je vis entrer par une autre porte Ninon, qui me prit dans ses bras, et me dit : « Convenez que vous êtes bien en colère. — Beaucoup, lui dis-je. — Vous êtes trop enfant pour votre âge, quoi! ne voyez-vous pas les avantages de cette brillante alliance. — Je n'en vois que le danger, sans aucun dédommagement pour la vanité ; elle me mit la main devant la bouche et me dit, c'est un parti pris, vous devez vous soumettre à votre bonheur, et il fallut bien m'asseoir devant une toilette de vermeil; sur laquelle était un écrin de cent mille francs, et une corbeille qui renfermait en bijoux et parures, tout ce que l'on peut imaginer de plus parfait.

Tant de magnificence ne me touchait guère, et, quand je pense au peu qui m'en reste, depuis un grand nom-

bre d'années, je m'écrie : « O vanité
des vanités , tout n'est que vanité ! »
Ma toilette fut assez longue , et Cinq-
Marcs fit demander plusieurs fois si je
paraîtrais bientôt ; enfin je cédai à son
empressement avant de passer dans la
galerie , où le curé et les témoins m'attendaient , et où on avait élevé l'autel
qui devait recevoir nos sermens, je
jetai un coup d'œil sur une glace, qui
répétait mes traits et ceux de Ninon ,
et je me trouvai,à cet instant, plus belle
qu'elle. Quand les portes s'ouvrirent,
ma surprise fut extrême de voir Desbarreaux , Bassompierre , Saint-Evremont et le comte de la Ferté , qui
devaient être nos témoins , le curé , re-
vêtu de ses habits ecclésiastiques, m'attendait au pied de l'autel , Cinq-Marcs
m'y conduisit , je pouvais à peine me
soutenir : un nuage était sur mes yeux ,
mon cœur était accablé de tristesse,
et j'en voulais mortellement à celui

qui allait être mon époux, de m'avoir
forcée à lui donner ma main clandes-
tinement. Je ne sais ce qui se passait
autour de moi ; je n'entendis pas un
mot de ce que le curé nous dit dans
un discours assez long ; enfin la cérémonie fut achevée, et j'avais pro-
noncé du bout des lèvres le terrible
oui qui devait avoir pour moi de si
grands dangers, que, si j'en avais été
persuadée à cet instant, j'aurais préféré
la mort au chagrin et à l'inquiétude
qu'il me causa.

CHAPITRE XVIII.

Le plus délicieux déjeûner était servi
dans une salle à manger, qui était
de l'autre côté de la galerie. Le curé
ne voulut point y rester. M. de Cinq-
Marcs lui remit mille louis pour ses

pauvres, et je lui promis mille francs
tous les mois. Il se retira plein de reconnaissance pour le bien que nous
faisions à la portion de son troupeau ;
qu'il chérissait le plus , parce qu'elle
avait un plus grand besoin de ses soins.
Après le repas , Cinq-Marcs me fit
passer par cette même ouverture, qui ,
suivant moi , m'avait perdue. Je trouvai que, pendant la cérémonie et le
déjeûner , on y avait posé une porte,
entre mon appartement et celui que
mon époux garda dans cette maison ,
pour faciliter nos réunions sous l'ombre du mystère , et qui demeurerait
masquée de mon côté par une magnifique tenture des Gobelins , si artiste-
ment disposée, que l'on ne s'apercevait
pas qu'elle dût s'ouvrir.

Tout l'ameublement de ma chambre
répondait à la beauté de la tenture,
qui représentait la toilette de Vénus
d'après des dessins du Corège. Dans un

tiroir d'un bureau (1) en lac et bronze
doré , était une somme de cinquante
mille francs en or , et, sur la cassette
qui la renfermait , étaient écrits : « six
premiers mois d'avance de la pension
de madame de Cinq-Marcs pour son
entretien.» Je ne vis cela que le lendemain , et la pensée que j'allais être
extrêmement riché, et par conséquent
pouvoir donner beaucoup, me fit grand
plaisir. Je n'étais pas d'ailleurs assez
dissimulée pour ne pas convenir que
M. de Cinq-Marcs n'avait pas besoin
de ces moyens extérieurs pour se faire
aimer, et, malgré l'usage assez ordinaire , les feux de l'amour s'allumèrent
pour moi au flambeau de l'hymen.
Rien ne changea extérieurement dans
mon existence, si ce n'est qu'elle était
devenue si brillante , que l'on ne me

_____

(1) A cette époque , on ne connaissait pas les
secrétaires.

désignait que sous le titre de maîtresse déclarée du favori , et , pour cette raison , j'étais sans cesse importunée de demandes pour cent personnes,dont peut-être quatre-vingt-dix ne méritaient pas d'être placées. Cela me fatiguait quelquefois ; mais mon amour-propre jouissait de me voir une cour nombreuse , qui m'accablait de respects; et je riais avec Ninon de la bassesse de ce nombre d'hommes qui flattaient en moi l'ami du monarque.

Je ne crus pas devoir, étant madame de Cinq-Marcs , rester stipendiaire du cardinal; je lui fis donc dire par Desmaretz, qui venait encore assez souvent chez moi, je crois , par ordre de Son Eminence qui voulait savoir, au juste, quels étaient mes liens avec le favori, qu'étant fort riche, je me faisais un scrupule de recevoir une pension qui pouvait être employée au soulagement d'êtres malheureux; que Son Eminence

n'en devait pas être moins assurée que
je mettrais toujours la même exactitude
à l'instruire de ce qui pourrait l'intéresser ou l'Etat. Je ne m'engageais pas
beaucoup ; car jamais pension n'avait
été si mal gagnée. Ma délicatesse eut
des suites funestes : le cardinal ne vit
dans cette démarche que la volonté de
le braver, et de lui dire qu'avec les
bonnes grâces du favori, je pouvais me
passer des siennes, et il résolut de
savoir ce qui me rendait si certaine
de mon crédit sur Cinq-Marcs, que je
croyais pouvoir me passer de tout
autre.

On lui avait dit : « que l'on avait vu
entrer et sortir à la pointe du jour de
la maison du baron de Sastenacre, le
curé de Saint-Paul; que l'on s'était in-
formé s'il y avait des malades et que
l'on était certain que tout le monde se
portait à merveille que la nuit dont on
parlait, il y avait eu beaucoup de mou-

vement dans la maison du baron ; que
l'on avait vu, huit jours avant, apporter,
ajoutait-on, des meubles, des coffres; que
les cuisines avaient été éclairées, échauf-
fées toute cette même nuit. Que, vers
une heure du matin, cinq individus, avec
de larges manteaux, qui avaient soupé
chez Marion, et une femme enveloppée
dans une cape, en étaient sortis à minuit et étaient entrés avec mystère chez
le baron de Sastenacre, et qu'il n'en
était sorti que quelque-uns au grand
jour : qu'ils ont monté dans une voiture grise et des gens sans livrée, la
femme n'est point sortie, du moins on
ne l'a point vue : comme on n'était
pas prévenu que les individus dont
on espérait suivre les traces sortiraient
en voiture, on n'avait pas d'hommes
à cheval, et il a été impossible de suivre à pied cet équipage qui brûlait le
pavé.

Le rapport, ainsi conçu, fut remis.

au cardinal, comme il était fort long et que Son Eminence avait à cet instant des affaires beaucoup plus importantes, il ne pouvait pas perdre de temps pour lire les pièces ayant trait à une aussi pauvre intrigue. Il fut donc très long-temps sans se donner la peine de voir ce que contenait le rapport. Ce qui nous procura un si grand repos, que nous croyons n'avoir rien à craindre.

CHAPITRE XIX.

Je me flattais toujours que mon mariage serait reconnu ; quoique Cinq-Marcs parût moins éperduement amoureux qu'il l'avait été, il me conservait toujours un bien tendre attachement. Depuis quelques semaines, j'étais

certaine de devenir mère ! J'avais la
parole d'honneur de Cinq-Marcs, qu'a-
lors il déclarerait mon mariage, et
ferait baptiser mon fils sous son nom :
je craignais d'abord qu'à trente-cinq
ans, n'ayant pas eu d'enfans ; les soupçons sur mon état ne fussent pas certains. Enfin, je ne doutai pas que
j'aurais cet insigne bonheur et je ne
tardai pas à en instruire mon époux.
« Ma chère Marianne, me dit-il, si ce
que vous soupçonnez se réalise, il
faudra nous retirer en Angleterre.
J'achéterai une terre à quarante milles
de Londres, et nous y vivrons heureux et tranquilles. Là nous ne crain-
drons ni ma mère, ni le cardinal, et
je serai affranchi de la fatigante faveur du roi. — Et vous ne regretterez
rien ? — Rien, je vous assure. J'em-
porterai beaucoup d'or, et, avec ce
métal, dans un pays civilisé, on se
procure ce que l'on veut : quand je

serai maître de mes actions nous re-
viendrons en France , où nous élève-
rons l'enfant que vous portez dans votre sein, et il n'en parviendra pas moins
aux plus hautes charges de la couronne. Ces chimères dont il aimait à
s'entretenir , le ramenaient souvent
chez moi. Il n'avait plus d'amour,
comme je l'ai dit , mais un attachement fort tendre.

M. de Cinq-Marcs, commençait à
s'occuper sérieusement du projet de
passer avec moi en Angleterre. Déjà
il avait fait un très-gros emprunt sur ses
terres , malgré qu'il fût mineur , mais
on avait confiance en son crédit auprès
du roi , et si j'avais insisté , nous serions partis presque de suite. Ce fut
moi, comme si je devais être l'artisan
de mon malheur, qui prétendis qu'il
fallait attendre quatre mois et demi
pour qu'alors il n'y eût aucune incertitude. Le grand écuyer , me laissa en-

tièrement libre de fixer le temps de
notre départ. Il est impossible de se
conduire avec plus de délicatesse. Ninon me voyait partir avec regret;
mais, certaine que je serais heureuse,
elle ne cherchait point à me détourner
de ce parti.

Enfin, j'acquis la certitude de l'existence de mon enfant. Ah! sentiment
délicieux, ne vous ai-je donc connu
que pour mieux sentir le vide affreux
que votre perte a laissé dans mon
cœur ! Saint-Marcs, partagea mes
émotions avec une tendresse qui me
présageait les plus douces jouissances.
Il avait fait écrire à Londres de nous
acheter un bien rural à vingt lieues de
la capitale. Il fit passer les fonds né-
cessaires pour notre établissement :
mais, par la plus cruelle destinée, le
cardinal en fut instruit. Il ne pouvait
concevoir quel était le projet de Cinq-
Marcs. Il se rappelle alors le rapport

dont nous avons parlé. Il se le fait remettre, il y voit clairement tout ce
qui annonce un mariage secret, et il
ne doute point que ces fonds envoyés
en Angleterre, ne soient pour se retirer avec moi dans ce pays. Il envoie
chercher madame la maréchale d'Effiat, et lui demande si elle est instruite du mariage de son fils : elle lui
jure que non, et l'interroge, à son tour,
pour savoir qui Cinq-Marcs a épousé.
Quand elle sut que c'était moi, sa colère n'eût point de borne. Le cardinal
l'engagea à se calmer et à dissimuler
avec son fils, qu'il se chargeait de rompre cette union. «Mille ou douze cents
louis feront donner à cette femme
toute renonciation. Je vais la faire venir, et je lui ferai une telle frayeur,
qu'elle se trouvera encore trop heureuse de n'être pas mise en jugement
et d'avoir de l'or. — On dit, monseigneur, que c'est un caractère bien al-

tier. — Il faudra bien qu'elle me cède ;
qui oserait me résister? Gardez surtout
le plus profond secret : partez pour
votre terre auprès de Dijon, Cinq-
Marcs y sera avant trois jours ; mais
il ne faut pas que l'on sache que ce
soit par ordre du gouvernement : cela
est essentiel. La maréchale d'Effiat se
conduisit d'après les avis du cardinal auquel elle était entièrement dé-
vouée.

Je n'avais aucune idée de ce qui se
tramait contre moi. Jamais Cinq-Marcs
n'avait été si tendre ; et il était aisé
de voir qu'il quittait sans regret la
cour, non qu'il ne fût dévoré d'ambition, mais parce qu'il était certain
qu'il ne pourrait mettre à bien nul
projet, tant que le cardinal vivrait.
Il n'était pas fâché de se soustraire,
pendant quelque temps, à sa puissance : il espérait peut-être lui porter
des coups plus certains en habitant un

pays étranger, qu'en restant en France.
Il ne me quitta qu'à deux heures du
matin, fixant notre départ à trois
jours.

Il devait faire disposer des relais de
l'écurie du roi, de Paris à Calais,
de sorte que nous fussions rendus en
quinze heures, et on aurait retenu,
dans le port, un bâtiment, pour passer
la Manche, et ainsi nous serions à Londres avant que l'on ait pu imaginer
que nous fussions partis. Je n'emmenais
avec moi que Dorothée et Laurent,
qui, comme on le sait, étaient mariés, et
dont l'attachement et la discrétion étaient
connus. Quand mon époux m'eut quittée, je me couchai, et je recommandai
à Dorothée de m'éveiller de bonne
heure. Je ne fus donc point surprise;
quand je l'entendis entrer dans ma
chambre, qu'il faisait à peine jour.
« Madame, me dit-elle, voici une
lettre.—Une lettre de qui?—De M. le

3..

cardinal. » Son nom seul me fit ré mir
Dorothée alluma une bougie : je rompis le cachet en tremblant, et je lus
ces mots :

« Mademoiselle Marion de Lorme
se rendra, aussitôt la présente reçue,
chez S. Em. Mgr. le cardinal de Richelieu. »

Paris, le 5 septembre 1640.

Que me veut-il ? Ah ! Dorothée,
je suis perdue! — Est-ce donc la première fois, madame, que le ministre
vous a fait demander ? — Depuis mon
mariage, j'ai rompu toute liaison avec
lui, et je suis sûre que notre projet
de voyage est découvert. — Que faut-il
que je réponde? — Que je vais me
rendre aux ordres de M. le cardinal.
Dites en même temps que l'on mette
mes chevaux », et je m'occupai de ma
toilette; mais, cette fois-ci, je n'avais
nul dessein de le séduire. Je me sentais

frappée d'effroi ; je ne savais ce qu'il
me voulait, mais je ne pouvais croire
que ce fût du bien : je savais qu'il
n'existait en lui nul sentiment de bienveillance. J'aurais voulu voir Cinq-
Marcs. Je passai de mon appartement
dans le sien ; il n'y était plus, il ne
l'occupait pas ordinairement. Les devoirs de sa charge le retenaient souvent
au Louvre. J'aurais donné tout au
monde , pour lui parler un instant.
Il semblait que je pressentais tout ce
que la méchanceté avait tramé contre
nous. Enfin je me décidai à monter
en voiture. Dorothée voulut m'accom-
pagner, tant elle me trouva changée.
J'y consentis ; car je me sentais près
de m'évanouir. Quand ma voiture s'arrêta , et que je fus à l'instant de
voir le cardinal , il me prit un trem-
blement qui me laissait à peine la
force de me soutenir. Je dis à Dorothée d'attendre dans ma voiture , que

je la ferais avertir, si je me trouvais
plus mal, et, ayant respiré mon flacon,
je cherchai à me rassurer, en me disant:
« Qu'ai-je fait ? » Je n'avais rien à me
reprocher : mon mariage ne faisait
aucun tort à personne. Je me rappelai
mon voyage à la Rochelle; mais il y avait
plus de deux ans : d'ailleurs le pauvre
duc était mort. Je ne pus en dire davantage, la porte du cabinet du ministre s'ouvrit, et on me fit entrer.
Son Eminence écrivait, et ne se donna
pas la peine de se retourner, lorsque
je parus. Comme il m'avait toujours
fait asseoir quand il me recevait, je
pensai que, si Marion de Lorme ne
lui parlait pas debout, à plus forte
raison, madame de Cinq-Marcs devait
s'asseoir ; d'ailleurs il m'était impossible de me soutenir plus long-temps.
Je me sentais défaillir. Le ministre
continua à travailler, enfin il se tourna
vers moi, et, me lançant des yeux où

se peignaient tout à la fois la colère
et le dédain, il me dit: « Il vous convient, Marion de Lorme, d'oser épouser
M. de Cinq-Marcs, fils d'un maréchal
de France, grand écuyer du roi, et son
favori. Comment avez-vous pu penser
que je souffrirais un pareil outrage
à la haute noblesse et aux bonnes
mœurs? » L'insolence de cette apos-
trophe me rendit mon courage, et je
lui répondis : « L'état d'une femme
n'est autre que celui de son mari.
Si j'avais épousé M. de Cinq-Marcs,
je ne serais plus Marion de Lorme,
mais madame de Cinq-Marcs, et ce
serait vous, monseigneur, qui outra-
geriez la haute noblesse de France
en traitant ainsi la femme du grand
écuyer, la bru d'un maréchal de France.
Quant aux mœurs, je suis étonnée
qu'un prince de l'église trouve que
ce soit les outrager, que de se marier lorsque l'on s'aime. » J'avais pro-

noncé ces paroles avec tant' de vivacité, que M. de Richelieu n'avait pu m'interrompre ; mais il en avait été si irrité, que se levant, il s'avança jusqu'à moi avec un tel emportement que je ne sais jusqu'où il aurait porté l'outrage, s'il ne s'était souvenu que, ministre de Dieu et du roi, il avait assez de moyens de se venger sans se compromettre. Il s'arrêta donc, et me regardant avec un tel mépris, qu'il me pénétra d'horreur : « Oubliez-vous, dit-il, ce que vous étiez avant votre mariage, ce que vous êtes peut-être encore, et ce que vous serez, sans aucun doute, quand il sera rompu. — Rompre un mariage fait en présence de mon propre prêtre, avec des témoins irrécusables, quelle puissance le pourrait ? — La mienne ; mais je veux bien encore, en faveur des services que vous avez rendus à l'Etat, vous tirer d'une très-dangereuse situation; signez cet écrit et il ne sera plus question de rien, et Mme d'Effiat vous donnera quarante mille francs. Je pris cet écrit, et je vis que l'on voulait que je consentisse à rompre mon mariage, et que je reconnusse que c'était par rapt et séduction qu'il avait été contracté. — Je sais, monseigneur, le sort que vous destinez à ceux qui s'opposent à votre tyrannie; mais c'est inutilement que vous espérez me faire signer ma ruine et mon déshonneur : j'aime mon époux et j'en suis aimée. — Il ne le prouve pas; il est parti avec sa mère, ce matin, ayant tout avoué à la maréchale qui lui a pardonné, à condition qu'il ne s'opposerait pas à la dissolution de son mariage avec vous. — Vous avez pu l'exiler, et je vous en crois bien capable; mais Cinq-Marcs ne peut l'être de m'abandonner, lorsqu'il sait que les liens sacrés de la nature vont

resserrer les nœuds qui nous unissent. — Qu'il le sache ou non, il est
parti. — Permettez-moi, monseigneur,
d'en douter. Je connais Cinq-Marcs,
il ne m'aurait pas condamnée volon-
tairement à ce malheur. — Il a très-
bien fait d'obéir, ou il eût connu
tout le poids de mon ressentiment,
de celui de sa mère. — Je le plains
s'il a cédé par la crainte ; je ne suis
qu'une femme : il apprendra de moi
comme on résiste à l'oppression. —
Vous oubliez, Marion de Lorme,
l'immense distance qui existe entre
vous. — Oui, elle est extrême, j'en
conviens, mais ma cause est celle de
la nature ; je ne puis la perdre qu'en
ajoutant à l'animadversion du peuple
contre vous. — Je ne la crains point ;
mais vous, craignez de me forcer à
sévir d'une manière terrible contre
vous. Un mariage clandestin est un
crime dans la société, parce qu'il est

un scandale. — C'est ce que je ne crois pas ; mais au surplus, monseigneur, les lois seules peuvent décider de mon sort ; et je vous crois trop juste pour ne pas sentir que je ne puis céder qu'à leur empire. J'attendrai donc ce que la justice prononcera contre moi. Je me levai, le saluai sans affectation, je sortis de son cabinet, sans qu'il eût la volonté ou la présence d'esprit de me retenir, et je traversai ses vastes appartemens sans apercevoir ceux qui y attendaient un coup d'œil du ministre du roi, tant j'étais troublée ; car la force que l'indignation m'avait donnée, m'abandonna, et dès que je fus montée en voiture , je tombai évanouie dans les bras de Dorothée.

CHAPITRE XX.

On me transporta, en arrivant, sur mon lit où je fus encore long-temps sans connaissance. Dorothée avait fait avertir Ninon et mon médecin. La première apprit avec une grande douleur, le sujet de chagrin que j'avais éprouvé. Le médecin ordonna une saignée, beaucoup de repos, et dit en sortant à Dorothée qu'il craignait une fausse couche. Les soins touchans et les douces caresses de Ninon me rappelèrent à la vie. Mon premier mot en la voyant, fut de lui dire : « Vous avez voulu que j'époussasse Cinq-Marcs, voyez ce qui en arrive ; il est sûrement exilé. Le cardinal aura saisi cette occasion pour l'éloigner bien plus du roi que de moi.

— Il est impossible qu'il vous ait trompée : il faut envoyer au Louvre, savoir si M. de Cinq-Marcs est à Paris,
lui dire que vous le priez de venir.
Ninon m'engagea à me tranquilliser :
m'assura que dans mon état, les émotions trop vives étaient très - dange-
reuses, elle resta près de moi. On revint de chez mon mari, il était réellement parti pour la terre de sa mère
qui y était depuis deux jours. — Parti,
sans m'écrire, il n'y avait pas quatre
à cinq heures qu'il m'avait quittée ; il
ne m'a point prévenue de ce voyage,
et est-il parti seul ? — Oui madame, à
ce que m'a dit Philippe. Seul avec son
valet de chambre. — Et il ne m'a point
écrit ? — On ne m'a point remis de
lettre. — Suis-je assez malheureuse, et
sait-on où est cette terre ?—Près de Dijon. — Mais je n'ose lui écrire.—Vous
auriez tort. » Je lui racontai ma conversation avec le Ministre ; elle loua

ma fermeté, mais trouva que j'aurais
dû le ménager davantage. « Souffrir
qu'il m'outrage , non je ne le souf-
frirai pas. »

Ninon fit dire chez elle quelle était
à la campagne, pour ne me pas quitter.
Elle fit tendre un lit de veille dans ma
chambre ; sa société adoucissait l'amer-
tume de ma douleur. Une scène dont,
on ne put me dérober la connaissance
vint renouveler mes violentes émotions. J'entendis beaucoup de bruit
dans la maison voisine , des cris de
femmes , des enfans qui pleuraient. Je
me persuadai que Cinq-Marcs avait été
assassiné et qu'on le rapportait dans
cette maison, qui, comme on sait, était
à lui. Je suppliai Ninon de s'informer
du sujet qui causait tant d'allarmes.
Elle me quitta , et fut dire à Laurent
de savoir ce qui se passait chez le Baron de Sastenacre , car le secrétaire de
Cinq-Marcs continuait à se faire ap-

peler ainsi. Laurent sort dans la cour,
qu'un mur assez bas séparait de l'autre maison, et il entend que l'on signi-
fiait à Sastenacre un ordre du lieutenant
de police, qui l'envoyait à Bicêtre, pour
avoir pris un titre qui ne lui appartenait
pas, et on mettait à la porte la femme et
les enfans, sans leur laisser rien empor-
ter de ce qui leur appartenait.

On vint me le dire, j'en fus désolée c'étaient les meilleures gens du monde. Je dis à Laurent de mettre un
surtout gris, de suivre cette famille désolée, de remettre à la mère cent louis,
pour qu'ils puissent trouver un autre
logement, et vivre pendant la déten-
tion de son mari. Laurent les rejoignit
promptement. La pauvre mère fut bien
touchée de ma générosité, qui, selon
moi, était justice, puisqu'ils n'avaient
rien fait que par ordre de M. de Cinq-
Marcs. On fit fermer la communication entre les deux maisons, on mit

les scellés sur les effets qui étaient dans celle de Cinq-Marcs , et on y établit un gardien. Toutes ces mesures furent prises au nom de la maréchale d'Effiat, comme tutrice de son fils.

La frayeur qu'elles m'avaient causée fut dangereuse pour mon enfant dont les mouvemens à peine sensibles , me faisaient craindre pour ses jours, on réitéra la saignée : mais elle ne put détruire le mal que tant de chagrin et d'effroi avaient causé! Je ne quittai pas mon lit depuis la terrible visite au palais Cardinal : mais ce qui ajoutait à la cruauté de ma position, c'était de n'avoir aucune nouvelle de mon époux. Ninon avait beau me dire que ses lettres étaient interceptées ; je ne pouvais concevoir qu'il ne pût trouver quelque moyen de m'instruire de son sort. Ninon qui était l'amie la plus tendre et la plus occupée de servir ses amis me dit, qu'elle allait écrire à Villarceau qui

était connu de la maréchale, qu'il irait
chez celle-ci, comme pour lui faire sa
cour. Qu'il verrait le grand écuyer, et
qu'il trouverait bien le moyen d'en
rapporter une lettre.

Je fus fâchée que mon amie n'eût
pas eu cette idée plus tôt. J'écrivis à
Cinq-Marcs, pendant que Ninon écrivait à Villarceau, qui se rendit aux ordres de sa souveraine. On le fit entrer,
je lui dis que j'étais bien malade; et
il prit une part sincère à ma situation,
et me promit de ne pas perdre de
temps, pour m'apporter des nouvelles
satisfaisantes. « Je n'en attends plus, lui
dis-je, mais je veux savoir ce que devient Cinq-Marcs, et je crains bien que
le seul espoir qui me reste ne me soit
bientôt enlevé; je souffre beaucoup,
ne le dites pas à Cinq-Marcs. » Villarceau, en nous quittant, prit la poste et
se rendit en Bourgogne. Quand il fut
parti je dis à Ninon, que mes douleurs

loin de se calmer, augmentaient. Elle
jugea que la nuit ne se passerait pas
sans que j'accouchasse.

Elle envoya chercher tous ceux qui
pouvaient me soulager. Malgré leur
habileté je fus au plus mal, et je disais
à Ninon, qui ne me quitta pas un instant : « Ah ! mon Dieu ! tant souffrir,
pour perdre ce qui devait faire le bonheur de ma vie : est-il rien de plus
malheureux : s'il fallait éprouver des
douleurs bien plus vives encore, pour
assurer son existence, avec quelle cons-
tance je m'y soumettrais : mais, quand
je pense que cette pauvre petite créature, formée de mon sang, n'est peut-
être plus, que je mettrai au monde un
être privée de la vie avant d'avoir vu
le jour, cette pensée me désespère : je
l'aurais tant aimé ; être mère est si
doux, mais je ne le serai pas, et son
père m'abandonnera. — Eloignez donc
ces douloureuses pensées, ma chère

Marion, elles vous tuent. — Et qu'ai-je
besoin de la vie quand je n'ai pu la
donner à mon fils, quand mon époux
m'abandonne : les douleurs devinrent
si vives, les accidens si graves, que je
n'eus plus la force d'exprimer mes cruel-
les réflexions. Elles se concentraient dans
mon cœur, et le déchiraient. Après
être restée dans ce triste état pendant
plus de quinze heures. Je cessai de souffrir ; mais mon fils n'était plus ; on ne
put me le dissimuler, car je voulais le
voir ; on ne le voulut point, et je com-
pris alors que toute espérance était détruite : je fus plus de vingt-cinq jours
entre la vie et la mort, Ninon me rendit des soins que j'aurais envain at-
tendus de ma sœur. J'avais été si mal,
que toutes mes idées s'étaient brouil-
lées. Je ne me souvenais plus du départ de Villarceau, qui était de retour
depuis quinze jours. Enfin je me le
rappelai ; mais Ninon qui craignait que

ce qu'elle avait à m'apprendre, n'a-
joutât au danger de mon état, me disait
toujours, je n'en ai point de nouvelles.

CHAPITRE XXI.

Quand Ninon, après avoir consulté
mon médecin, crut qu'elle pouvait
m'instruire de l'exil de mon mari, sans
craindre que cette triste nouvelle ne
fût dangereuse pour moi, elle dit que
Villarceau était de retour, qu'il avait
vu Cinq-Marcs qui se portait bien, et
était exilé à la terre de M.me d'Effiat;
qu'il lui avait donné une lettre pour
moi, qu'il m'en avait écrit plusieurs
autres; qui, selon toute apparence,
avaient été interceptées; et elle me la
remit. Je la lus avec empressement,
mais je ne trouvai pas ce que je vou-

lais. C'était bien la lettre d'un homme
d'honneur qui tenait à ses engagemens,
tant qu'il lui serait possible de les remplir, mais, ce n'était point celle d'un
époux aimant passionnément celle qu'il
a associée à son sort, et dont rien ne
peut le séparer. Il m'assurait qu'il ferait tout son possible pour me défendre des ennemis que notre union
m'avait faits. Il avait appris, je ne sais
par quelle voie, que j'avais cessé d'ê-
tre mère; il s'affligeait avec moi de la
perte de notre enfant, mais il était
aisé de juger, par le peu de chaleur de
ses expressions, que M.me d'Effiat avait,
par son ascendant, fait voir à Cinq-
Marcs que le ciel s'était déclaré contre ce mariage clandestin, en ayant
retiré à lui l'enfant qui en était le fruit.
Quand on est profondément affligé, et
que celui sur lequel on comptait pour
adoucir votre douleur, en la partageant,
semble au contraire la sentir beaucoup

4.

moins vivement , c'est un surcroit de chagrin qui devient insuportable. Il fut tel que je tombai dans une situation de santé fort critique, et Ninon se reprochait d'avoir satisfait trop tôt mon inquiète curiosité. Cependant , comme si j'avais été destinée à prouver à mes contemporains et à leurs descendans, que rien n'est plus incertain que la fortune , par l'extrême vicissitude de la mienne, je revins à la vie ; mais je n'avais pas une santé aussi florissante qu'avant ma maladie.

L'exil de Cinq - Marcs ne finissait point. Villarceau m'assura qu'il paraissait décidé à ne point céder. Cependant, aucune de ses lettres ne me parvenait, ou peut-être ne m'en écrivait-il pas. Je restais dans une grande anxiété quand je reçus un mandat d'amener du lieutenant criminel. Quelle était celle de mes actions qui pouvait me conduire devant ce tribunal redoutable, même lorsque l'on est innocent ? Quel crime m'imputait-on ? Comment pouvait-on m'accuser d'une manière aussi grave? Etait-ce pour avoir épousé un homme libre, lorsque je l'étais moi-même? Il m'était impossible de découvrir la raison pour laquelle on me traitait avec cette rigueur.

Ninon me conseilla de mettre, comme on le disait alors, mon innocence au grand air. Elle me fit offrir, par Villarceau, de me prêter une terre qu'il avait dans les Vosges, où je serais en sûreté, parce qu'elle était dans la souveraineté du duc de Lorraine. J'acceptai ce service, et je convins avec mes amis de ne pas perdre un instant pour quitter le royaume.

Je sortis de chez moi, à pied, déguisée en marmotte, avec ma fidèle Dorothée et son mari, qui étaient vêtus comme les habitans de la Savoie. Une heure après que j'avais quitté ma maison,

les sbires vinrent m'y chercher ; mais
ils ne m'y trouvèrent plus , ni rien qui
pût tenter leur avarice ; car , grâce
à Ninon , mes plus précieux effets
étaient chez elle en sûreté , et elle
devait m'envoyer mes bijoux , mes
diamans et ma vaisselle d'argent par ma
voiture , qui allait m'attendre à la
Villette; mes robes et mon linge vien-
draient par les messageries à Remiremont , ville auprès de laquelle était le
château du marquis, que l'on nommait
Valsery. Nous passâmes la barrière
sans difficulté ; et, comme je l'ai dit ,
je trouvai, à la Chapelle, ma voiture
et les chevaux de Villarceau , qui me
conduisirent jusqu'à Dammartin. J'a-
vais , ainsi que mes domestiques ,
changé de costume dans la maison d'un
tisseran, à qui nous laissâmes les habits
que nous avions pris pour échapper
à mes ennemis. Je trouvai mes chevaux
à Claie , et je fis avec eux une très-forte

journée , de manière que nous étions ,
le soir , à Château-Thierry , où je pris
la poste , laissant mes chevaux , que
mon cocher était chargé d'amener
à Bar-le-Duc. Comme rien n'annonçait
dans ma manière quelqu'un qui fuyait,
et que j'étais à plus de vingt lieues de
Paris ; je n'éprouvai aucune difficulté,
pour me procurer des chevaux , non
seulement à cette poste , mais à toutes
celles de la route ; je payai généreu-
sement les guides , et courus nuit et
jour jusqu'à ce que j'eusse gagné les
frontières de la Lorraine , où j'entrai
le second jour après mon départ ; alors
je me reposai , et attendis , à Bar-le-
Duc , que mes chevaux m'eussent re-
joints, parce que j'aimais mieux arriver
avec eux à Valsery. Je devais y porter
le nom et le titre de comtesse de Rieuville , venant en Lorraine , pour prendre , aussitôt que la saison le per-
mettrait , les eaux de Plombières.

J'étais si maigre et si pâle , que l'on
devait trouver tout simple que je vinsse
dans cette province , pour rétablir ma
santé , qui , au fait , était encore dé-
labrée. La fatigue du voyage , l'inquiétude d'être arrêtée avant d'être sur les
terres du duc , me rendirent réellement malade , et j'avais une assez grosse
fièvre , quand j'arrivai à Valsery. Villarceau m'avait donné une lettre pour
son concierge , et m'annonçait à lui
comme une parente du marquis ,
pour qui il avait la plus grande considération.

Cet homme s'empressa de me préparer le plus bel appartement. J'an-
nonçai que mes malles arriveraient
à Remiremont par les messageries.
Ninon avait fait fait placer assez de
choses dans ma voiture , pour attendre
le reste commodément. J'étais encore
si faible et si abattue, que je ne pensai
qu'à me rétablir ; je n'avais pas la force

de m'inquiéter de mon sort : il me
semblait d'ailleurs que la mort de
mon enfant avait anéanti pour m
toute espérance.

Ninon m'écrivait très-exactement ;
ses lettres charmaient ma profonde solitude. Dans une, elle me marquait que
Cinq-Marcs était de retour à Paris et
à la cour, où il avait été revu du maî-
tre avec plaisir ; que Mme d'Effiat sui-
vait contre moi ses mauvais desseins,
et qu'elle était désolée que je me fusse
dérobée à sa vengeance. Le mandat
d'amener, m'écrivait Ninon dans une
autre lettre, a été changé en un mandat d'arrêt : Comme mes ennemis ne
savaient où j'étais, il ne pouvait être
mis à exécution ; et ainsi je devais
être parfaitement tranquille !

Le repos et un certain oubli de moi,
me rendirent la santé, et avec elle encore assez de beauté pour que quelques
personnes qui habitaient Remiremont,

4..

m'ayant rencontré dans la campagne,
où je promenais mes ennuis , dissent
chez l'abbesse du chapitre de Remiremont (1) que j'étais charmante. L'abbesse demanda qui j'étais ; on me
nomma du nom que je portais depuis
que j'étais à Valsery. Le nom de Rieuville ne lui était pas inconnu , mais il
y avait différentes maison qui le portaient. Les Rieuville de Sceaux, les Rieuville de Lormiac , les Rieuville, que
sais-je ! Il n'y avait que les Rieuville de
Sceaux qui fussent bons : quelqu'un m'assura que j'étais de ceux-là, car il avait
envie que l'abbesse m'engageât à venir au
chapitre. Heureusement que l'on me rendit cette conversation ; je dirai bientôt
de quelle manière et comme vous pensez bien, je fus veuve du comte de Sceaux
Rieuville, ou de Rieuville Sceaux, comme vous voudrez ; mais je savais trop

_____

(1) Chapitre noble de chanoinesses.

combien cela était important dans un
chapitre noble, pour ne pas donner à
mon soit disant mari, la plus haute
naissance possible.

« Vous vous rappelez le petit séminariste, l'abbé dont je ne savais pas le
nom. — Et dont vous nous avez assuré, dans votre première partie, que
nous n'entendrions plus parler. » C'est
vrai, il entrait alors dans ma fantaisie
de ne rien rapporter de mon séjour en
Lorraine: elle a changé depuis. Ce petit
séminariste, que je ne croyais jamais
revoir, eh bien ! il était grand-vicaire
de Toul, et venait souvent, à Remiremont, faire sa cour à madame l'abbesse : c'était un de ceux que j'avais
rencontrés dans mes promenades so-
litaires, et voici comment.

Il chassait dans un bois, où il ne
m'eut pas plus tôt aperçu, qu'il me
reconnut. Il vint à moi, et me dit:
« Serait-ce vous, madame, avec qui

j'ai eu le bonheur de faire la route
depuis Besançon jusqu'à Châlons, il
y a quelques années?—Cela est possible, M. l'abbé; mais je ne pourrais
vous l'assurer. —Quoi! vous ne vous
souvenez pas de cette nuée d'abbés
qui étaient avec moi, ni de M. de Florange? » J'avais d'abord eu la volonté
de ne pas convenir que c'était bien moi
qu'il avait vue; mais, je ne sais, je me
rappelai avec plaisir ces premières émotions de ma jeunesse, et je pensai que
je ne serais que ce que je voudrais;
ainsi je répondis : « Oui, je me le
rappelle. Permettez-moi, M. l'abbé;
de vous dire que, puisque vous avez
continué à marcher dans la carrière
que vous avez embrassée, vous devez
parfaitement connaître les lois de votre
état, qui vous obligent à la plus grande
discrétion. J'ai des secrets importan
à vous communiquer, si vous voulez
venir avec moi au château de Valsery

que j'habite. Je vous raconterai là les divers évènemens qui m'ont amenée dans cette solitude — que vous embellissez ! » et il accepta avec grand plaisir la proposition que je lui fis. Nous suivîmes une route qui conduisait à une petite porte du parc. Cette terre, dit-il, est à M. de Villarceau, il en a dernièrement hérité de son père. — Cela est vrai. — L'auriez-vous épousé? — Non, j'ai fait un bien plus beau mariage. — Plus beau! — Oui, beaucoup plus considérable; je vous l'apprendrai. Entrons dans cette tourelle-là, on ne nous entendra pas. J'ouvris la porte, et nous nous trouvâmes dans un charmant oratoire. Pouvait-on être mieux pour recevoir un grand vicaire?

A peine étions-nous assis, que je lui dis, je ne suis point veuve du comte de Rieuville, mais je suis la femme de M. de Cinq-Marcs. — Le grand écuyer? — Lui-même. — Le favori du roi? — Il n'y en a pas d'autre. Je ne suis néanmoins connue que sous le nom de la comtesse de Rieuville, et je lui expliquai tout ce mystère. Il trouva que M. de Cinq-Marcs avait très-bien fait en épousant une femme belle, charmante, ayant un peu de coquetterie, je m'en souviens, mais cela réveille l'amour.—Vous le prenez, mon cher abbé, sur un ton si aimable, que je veux vous faire grand aumônier, si je gagne mon procès. L'un serait moins étonnant que l'autre. »

L'abbé, qui se nommait Stainville, me trouvait, disait-il, une femme charmante. Il m'engagea à paraître dans le monde. « Il faut venir à Remiremont; nos chanoinesses sont aimables; les vieilles sont un peu entichées de leurs trente-deux quartiers; mais les jeunes sont très-gaies. On danse, on fait de la musique. J'ai une nièce parmi elles, la pauvre Blanche, qui, faute de pouvoir se marier, fera ses vœux. C'est dommage, car elle est charmante.—J'aurai, lui dis-je, grand plaisir à la voir, et ce serait une raison qui me déterminerait à aller chez votre abbesse. » Je lui demandai ce qu'était devenu M. de Florange. —Je crois qu'il a été tué devant la Rochelle; et je pensai que peut-être l'infortuné avait péri à l'instant où je venais chercher Buckingham: ce que c'est que la destinée; mais je gardai cette réflexion pour moi, car je voulais n'être pour l'abbé que l'épouse de Cinq-Marcs, persécutée par sa belle-mère. Avoir la considération qui tient à la vertu, est un désir dont les femmes se défont difficilement.

J'engageai l'abbé à dîner, il l'accepta. Le repas fut aussi délicat qu'il était possible, sans avoir été prévenu. J'avais fait venir mon cuisinier, et c'était un des meilleurs de Paris.

Après le dîner, nous fîmes un tric-
trac, et, comme il était tard, je fis mettre les chevaux pour le reconduire à
Remiremont, où il devait passer quelques jours. On pense bien que j'avais
les six plus beaux chevaux de l'écurie
du roi, et quoique mon cocher et mon
postillon fussent sans livrée, mon équipage n'en avait pas moins le plus grand
air. L'abbé fut donc parfaitement persuadé, que j'étais bien réellement comme je l'étais en effet, femme du favori du roi, et il se flattait bien que
mon crédit le mènerait au moins à
l'évêché.

Il revint donc tout enchanté de sa
bonne rencontre, et se promit bien
de profiter du voisinage. Ce fut lui
qui dit à l'abbesse, que j'étais des
bons Rieuville, et avec cela beaucoup
de bien de moi, disant qu'il m'avait
connue avant mon mariage, et l'abbesse demanda qui j'étais et mon nom.

Et se rappelant celui de *Grapin* (il
ne me connaissait point sous celui de
Lorme) il pensa que, sans grand incon-
vénient, il pouvait l'allonger d'un *i*,
pour me donner une origine italienne,
elle est, dit-il, mademoiselle de Gra-
pini.—C'est apparemment d'une Maison d'Italie. — Je le pense; mais on
avait vu ma voiture, mon bel attelage
dans les rues de Remiremont. J'étais
sûrement une veuve fort riche; et on
pensa à m'attirer à la ville. Il devait y
avoir un bal pour la fête de l'abbesse;
qui se nommait Adélaïde. La nièce (1)
de madame l'engagea à m'inviter. Celle-ci consulta l'abbé, qui assura qu'on
ne pouvait avoir un maintien plus
noble et en même temps plus modeste.
« Elle vit, ajouta-t-il, dans la retraite la
plus profonde, et la plus grande diffi-

---

(1) On appelait ainsi une jeune chanoinesse, qu'une
plus âgée adoptait.

culté sera qu'elle veuille accepter. »

 L'abbesse consentit à ce que sa nièce
et ses jeunes consorts désiraient. Le
billet fut porté par un homme à cheval; mais l'abbé avait promis de se
trouver chez moi quand il viendrait.
Il partit donc de fort bonne heure, et
vint me demander à dîner comme de
coutume. Nous sortions à peine de table, que l'on vint me dire qu'un laquais de madame l'abbesse de Remiremont demandait à me remettre une
lettre de sa maîtresse. Je dis que l'on
fît entrer, je pris la lettre et la lus.
J'avoue que cette invitation m'embar-
rassait. Je trouvais bien quelque plaisir à voir cette fête, à m'y trouver per-
sonnellement invitée; mais que di-
raient ces nobles et fières personnes,
si elles apprenaient jamais qu'elles ont
dansé avec Marion de Lorme. Mais ne
suis je pas madame de Cinq-Marcs, et,
à ce titre, qui peut trouver mauvais que

l'abbesse d'un chapitre me reçoive chez elle ? Il y avait bien quelque chose de plus à dire ; mais qui le saurait dans les Vosges. Je ne fis donc quelques difficultés que pour la forme. L'abbé insista. Toutes ces dames le désirent, disait-il, j'ai promis pour vous, et il fallut bien que je prisse la plume pour répondre. Je le fis avec la plus extrême politesse , et l'abbé parut enchanté.

CHAPITRE XXII.

Depuis que j'avais perdu avec mon enfant l'espoir de voir reconnaître mon mariage, j'avais été si profondément affligée, que je ne m'étais pas occupée un seul jour de ma toilette. Il fallait bien y penser pour paraître à ce bal, où toute la noblesse des environs se

trouvera. Je cherchai, avec Dorothée
ce qui me siérait le mieux parmi mes
nombreuses parures. Je me décidai à
une jupe de satin blanc brodée en perles fines et or, et au corset de velours
bleu céleste, avec une broderie pareille au jupon, un collet de point
d'Angleterre, que le pauvre Buckingham m'avait priée, quand je quittai
la Rochelle, d'accepter, comme souvenir, et qui était d'une rare beauté.
J'avais tous les diamans de mon écrin,
qui valait au moins cinquante mille
écus. J'avais fait venir d'Italie, avant
mes malheurs, une caisse de fleurs ar-
tificielles (1). Comme je cherchais celles dont je me parerais, je vis au milieu des roses, du jasmin, une guirlande
de bluets, si parfaitement imitée, que

---

(1) A cette époque, et long-temps après, on ne
faisait de belles fleurs qu'en Italie et à Lyon ; mais
celles-ci étaient bien inférieures aux autres.

l'on eût dit que l'on venait de les cueil-
lir. Je la pris de préférence à toute
autre. Dorothée n'en pouvait deviner
la raison, et je ne la lui dis pas. Elle
ne servit néanmoins, dans ma coiffure,
que pour relever, par sa simplicité, l'é-
clat des diamans dont j'étais couverte.
Je me trouvai si brillante et si belle
que je crus pouvoir faire au moins
autant d'effet dans le bal que si j'eusse
eu soixante-quatre quartiers.

Cependant, je ne pouvais m'empêcher, dans le chemin de Valsery à
Remiremont, de penser, que se serais
peut-être embarrassée, ne connaissant
personne, pour entrer chez l'abbesse :
mais le charitable abbé se trouva comme par hasard dans le salon qui pré-
cédait la galerie où l'on dansait. Il vint
à moi avec le plus respectueux empressement, et j'avoue que je fus fort
aise quand je le vis. Lorsqu'il apperçut la guirlande de bluets, il me dit :

« Ah ! dangereuse Syrène, ne peut-on échapper à votre séduction, que par la fuite des bluets ! — Ce sont ceux que vous m'avez donné. — Ils sont devenus immortels, symboles de l'amitié, qui ne redoute pas le temps : de quelque sentimens qu'ils soient l'emblême, il est impossible d'être plus touché que je ne le suis d'un si aimable souvenir, auquel je ne m'attendais pas. Heureux qui peut en profiter, mais.... il s'arrêta. Puis il me dit : j'ai pensé qu'il vous ferait plaisir, que quelqu'un vous présentât à l'abbesse. Ma nièce, comme vous savez, est ici. Je l'ai prévenue. Nous la trouverons dans un cabinet qui est entre ce salon et la galerie, elle nous attend. » Il ouvrit une porte, et je vis une jeune personne charmante, qui vint au-devant de moi, et me fit mille amitiés. Elle était fraîche et simple comme la fleur des champs, elle ve-

nait d'avoir dix-huit ans , et j'aurais
bien troqué , contre sa naïve beauté,
cette candeur virginale , qui parerait
même la laideur, le faste de ma parure. J'avais presqu'envie d'ôter ma
couronne de bluets pour la mettre
sur sa tête ; mais non, quand je m'en
suis parée pour la première fois , j'é-
tais déjà coquette , cette aimable jeune personne ne le sera jamais, et la
rose blanche qui est posée sur ses
beaux cheveux blonds , est le seul
symbole qui lui convienne.

L'abbé nous quitta. Il ne pouvait
paraître convenablement dans une assemblée si nombreuse, où Blanche de
Stainville m'engagea à entrer. On eut
pu dire en nous voyant : beauté an-
cienne et beauté nouvelle. Je n'étais
rien que par l'éclat de la parure et
les grâces majestueuses que j'avais
prises avec les années. Blanche était
le vrai bouton de rose. Elle me pré-

senta en rougissant (1) , à l'abbesse,
qui, éblouie par ma magnificence, me
reçut comme elle aurait fait à une princesse du Saint-Empire.

. La nièce de l'abbesse ouvrit le bal,
avec un homme ayant au moins trente ans , dont la figure ne me paraissait pas inconnue , et comme elle était
remarquable par la régularité et l'expression , choses qui se trouvent rarement réunies , je demandai à Blanche qui était restée assise à côté de
moi, comment on le nommait. C'est
M. de Senneterre, dit Blanche avec
une émotion, qui ne m'échappa pas :
elle ne perdit aucun de ses mouvemens, et elle me disait de temps en
temps, convenez que l'on ne peut
mieux danser, et j'en convenais. Mais
ce que je ne pouvais concevoir, c'est
que je connaissais la physionomie de

----

(1) Il y avait de quoi. (*Note de l'éditeur*).

cet homme, et cependant son nom ne me rappelait aucuns de ceux dont j'avais entendu parler. Je le dis à Blanche, en lui demandant si elle ne se trompait pas.«Mon Dieu ! non, reprit-elle, avec un soupir, c'est bien son nom Senneterre. Je le connais beaucoup, beaucoup trop pour mon malheur. — Quoi ! aurait-il eu des torts avec vous ? Il a cependant l'air doux et sensible. — On ne peut l'être plus que lui, et il n'en est pas moins vrai que je voudrais ne l'avoir jamais connu.»

M. de Senneterre, d'après les ordres de l'abbesse, vint m'offrir sa main pour danser une courante. Je crus apercevoir un signe qui semblait dire à Blanche, j'aimerais bien mieux que ce fût avec vous. En vérité, je lui aurais cédé volontiers mon danseur ; mais c'était impossible. Je pensai toutefois à briller par la supériorité de ma

II.   5

danse. J'avais passé dix ans pour la première danseuse de Paris, et je n'avais à craindre qu'un peu de faiblesse dans les jambes et le défaut d'exercice : néanmoins, forte de ma parure, et de l'éclat qu'elle communiquait à toute ma personne, je saluai sans embarras cette imposante réunion, et, m'élançai avec la légèreté et la précision qui font le mérite de cette danse, bientôt, habilement secondée par mon danseur, qui était excellent, nous entraînâmes tous les suffrages et nous fûmes couverts d'applaudissemens.

Quand la danse fut finie, l'abbesse fit signe à M. de Senneterre, de m'amener près d'elle. Elle était assise sous un dai, et je m'y trouvai aussi; car elle fit placer un fauteuil tout près du sien. Eh bien ! gens orgueilleux, vous voyez qu'il vous arrive quelquefois de terribles mécomptes. Tous les

yeux étaient tournés sur moi. Senneterre, quoiqu'assis à mes pieds, ne
voyait que Blanche. Blanche n'a-
percevait que Senneterre. Cependant il
y avait une assez grande distance d'âge
entre eux. Senneterre avait au moins
seize ans plus que sa maîtresse. Néanmoins leurs amours m'intéressaient,
il me paraissait qu'il pourrait y avoir
moyen de les unir. Je résolus d'en parler à l'abbé : mais avant je voulais
savoir de la jeune personne quelle était
la raison qui ne lui permettait pas d'é-
pouser celui qu'elle aimait, et la for-
çait à prononcer des vœux. Le bal ne
me parut pas convenable pour cette
confidence : et je ne cherchai point à
reprendre la conversation, ou plutôt
il ne m'aurait pas été possible, car l'abbesse me gardait auprès d'elle ; j'avoue
que j'aurais autant aimé que cela ne
fût pas, et cet honneur me gênait
beaucoup. Elle m'accablait de ques-

tions toutes assez embarassantes pour
moi. Je me trouvais heureuse quand
la danse me faisait quitter le dais de
l'abbesse, et cela arrivait assez souvent, parce que tous les bons danseurs
voulaient figurer avec moi.

Enfin, on servit le *Medianoche*,
et je fus encore à côté de Mme de ***,
mais comme elle avait un très-grand
appétit et qu'il fallait qu'elle fît les
honneurs de son magnifique repas,
il ne lui restait pas beaucoup de temps
pour me faire des questions. Après le
souper on reprit le bal. Ayant deux
lieues à faire pour retourner chez moi,
je priai Mme de *** de vouloir bien
m'excuser, si je me retirais un peu
plus tôt ; elle voulait que je restasse, et
disait que je ne m'en irais que le lendemain. Je l'assurai que cela m'était
impossible, et comme j'avais donné l'ordre que mes chevaux fussent
mis à deux heures du matin, on

vint m'avertir qu'ils étaient prêts.

Je pris congé de l'abbesse et de sa
nièce, mais surtout je témoignai une
véritable affection à Blanche ; et lui
fis promettre de prendre jour avec
son oncle pour venir à Valsery. Je
convins qu'elle m'écrirait, que je lui
enverrais ma voiture, et qu'il fallait
qu'elle demandât à l'abbesse un congé
de huit jours, que nous emploierions
peut-être d'une manière qui lui serait agréable. — Elle le sera toujours,
reprit Blanche, quand ce sera près
de vous.

Deux jours après l'abbé m'écrivit,
qué, sensible à l'honneur que j'avais
fait à sa nièce, il acceptait pour elle
et pour lui, l'aimable invitation que
je leur avait faite, pour le jour d'après
celui où il m'écrivait. Je donnai sur-
le-champ l'ordre au concierge, de faire
préparer deux logemens, un pour l'abbé ; l'autre pour sa nièce, et j'eus

soin que celle-ci trouvât sur sa toilette, tout ce qui pouvait lui être
agréable en bagatelles sans valeur et
qui coutent si cher, mais qui, en raison
de leur inutilité, peuvent s'offrir et
s'accepter.

Je fis partir ma voiture d'assez bonne
heure, pour que mes chevaux pussent
se reposer, et cependant qu'ils amenas-
sent Blanche et son oncle pour dîner.
Quand je les entendis, j'allai au-devant
d'eux jusque sur le perron. Blanche,
s'élança de la voiture dans mes bras
et me témoigna tout le plaisir qu'elle
avait de se trouver chez moi. L'abbé
en avait au moins autant, mais il n'o-
sait l'exprimer aussi vivement.

CHAPITRE XXIII.

Après le dîner, le grand-vicaire se
retira dans son appartement pour dire
son bréviaire, et je restai seule avec
Blanche, à sa grande satisfaction, car
elle allait parler de Senneterre; pou-
vait-il y avoir pour elle un sujet plus
agréable à traiter? « Mademoiselle, lui
dis-je, je puis peut-être par ma position, que monsieur votre oncle connaît bien, vous être plus utile que vous
ne l'imaginez, si ce n'est à vous, au
moins à M. de Senneterre, auquel vous
paraissez prendre quelqu'intérêt. —
Beaucoup, madame, c'est l'ami de mon
oncle. — Quel est son grade dans l'ar-
mée. — Capitaine de dragons. S'il
était major, il se trouverait parfaitement heureux, parce qu'il pourrait

espérer de l'avancement n'ayant encore que trente quatre ans; mais comment s'en flatter, cela est si difficile. — Cela me le sera moins que vous ne l'imaginez : j'écrirai à quelqu'un qui le servira chaudement. Il me faudra pour cela voir M. le comte de Senneterre et qu'il me donne l'état de ses services : il faut que l'abbé lui écrive de venir ; en faisant pour lui ce qu'il désire ce pourrait être un moyen pour vous procurer un établissement avantageux. — Jamais, madame, M. de Senneterre ne peut m'épouser, je suis pauvre, être chanoinesse le reste de mes jours, est tout ce que je peux espérer. — Et cet avenir ne vous afflige pas. — La bonté que vous avez, madame, de vous intéresser à moi, ne me permet pas de dissimuler avec vous, je sens que je serai malheureuse; que de renoncer, à dix huit ans, à être épouse et mère est un malheur auquel j'ai bien de la peine à me résigner. ─ Ce regret que toute femme éprouverait dans votre position ; n'a t-il pas pour vous quelque chose de plus pénible encore, et un sentiment plus tendre, ne vous engagerait-il pas à éviter de faire des vœux que votre cœur rejette. ─ Hélas ! madame, comment pourrais-je avouer un sentiment que je ne puis espérer voir sanctionner par la religion. Peut-on vouloir le malheur de ce que l'on aime, en lui faisant faire une aussi haute folie. Si j'ai le malheur d'aimer M. de Senneterre, je dois souffrir seule de ce sentiment et exiger qu'il m'oublie. ─ C'est un procédé bien généreux ! Mais, comme je vous l'ai dit, si j'obtenais du ministre que M. de Senneterre fût major, et que je vous fisse avoir quarante mille francs de dot, comment vous n'en voudriez pas ?─Ah ! par pitié pour moi, madame, ne me présentez pas comme possible ce bonheur; si je venais à le croire, et que cette espérance fût déçue, je serais trop malheureuse. — Vous l'aimez donc bien tendrement? — Bien plus que ma vie, mais pourquoi me forcez vous, madame, à avouer ma faiblesse; à quoi me servira cet amour si tendre, si sincère, à le pleurer tout le temps que je vivrai; je vous le disais, il m'eut été bien plus heureuse de ne l'avoir jamais vu, et elle se mit à pleurer. — Je me rappelai qu'au même âge qu'elle, je pleurais aussi le joli Florange, et, quand je pensais à ce que m'avait dit l'abbé, que le pauvre infortuné avait été tué à la Rochelle, je ne pouvais retenir quelques larmes. « Ah! madame, vous pleurez; vos larmes s'unissent aux miennes. Quel excès de bonté! — Mon enfant, votre situation me touche : elle me rappelle que j'ai eu aussi des chagrins à votre âge; que j'aimais un être charmant. — Et vous ne

l'avez pas épousé ! — Il m'a quitté. — Ah!
Senneterre n'est pas capable d'en faire
autant. — Non à présent; mais qui sait
si, dans sa jeunesse... — La rose, fière de
l'hommage du papillon s'informe si elle
est la première, à qui il offre ses vœux ?
Elle se contente de penser qu'il n'en
aimera plus d'autres. — Votre apologue
est ingénieux; vous avez raison , vous
êtes bien faite pour fixer le papillon.

A cet instant l'abbé vint. Le curé
passait assez souvent les soirées au château, et , comme nous étions quatre,
je fis apporter une table d'ombre ,
où je trouvais toujours le moyen que
ce pasteur, qui n'était pas riche, gagnât
une pistole , et il disait : « Il me semblait, pendant la partie , que je per-
dais, et , à la fin , je gagne toujours. »

On servit le souper, nous nous re-
tirâmes immédiatement après, et , en
repassant machinalement , dans mon
esprit, de quelle manière mes jours

s'écoulaient dans cette paisible retraite,
je me demandais si je ne ferais pas aussi
bien de vendre ma maison de Paris et
mes diamans, et d'acheter à Villarceau,
cette terre où je pouvais passer le reste
de mes jours sans allarmes ; que j'y
aurais pour amis ceux à qui je ferai du
bien, et principalement Blanche et son
époux ; si tout cela ne valait pas mieux
que de lutter contre une puissance qui
m'écraserait peut-être. Si Cinq-Marcs
m'aimait , il viendrait , de temps en
temps, partager ma retraite ; s'il ne
m'aime pas , à quoi bon plaider pour
être sa femme , et je fus occupée de ce
projet au moins cinq à six jours, tout
en suivant celui du mariage de Blanche
avec M. de Senpeterre.

Le lendemain matin , après déjeûner, comme le temps était fort beau,
malgré la saison , j'engageai l'abbé
à descendre avec moi dans le parc.
Quand nous fûmes dans une route qui

était loin de l'habitaion, je lui dis : « Puisque des circonstances presqu'inconce-
vables nous amènent , après plus de
quinze ans, du coche de Besançon dans
ce château, qui serait demain le mien ,
si je le désirais , je veux , mon cher
abbé, signaler notre réunion, en faisant
le bonheur de votre charmante nièce.
Il m'est offert par madame d'Effiat quarante mille francs, si je veux déclarer
que je renonce à faire valider mon mariage. Quand j'avais l'espoir d'avoir
un enfant, j'ai repoussé cette offre avec
dédain. Je sais, par quelqu'un de mes
amis, qu'elle est encore prête à le réa-
liser. Fatiguée de la vie, peu contente
de M. de Cinq-Marcs, qui, tôt ou tard,
m'abandonnera, je suis décidée à signer
mon désistement , à condition que
Cinq-Marcs obtiendra pour M. de Senneterre la première majorité vacante
dans un régiment de dragons , à vous
une abbaye, et que madame d'Effiat

donnera quarante mille francs en dot à mademoiselle Blanche de Stain-ville. »

L'abbé ne savait s'il rêvait. « Quoi! c'est vous, adorable Marianne, à qui ma famille devra tout son bonheur? Quoi! c'est vous, que j'ai pu oublier depuis tant d'années; que je revois brillante encore de mille charmes, quand il ne m'est plus possible de former aucun espoir? C'est vous qui voulez assurer le repos et le bonheur de mes jours, en faisant celui de Blan-che. Mais dois-je consentir à ce que vous acceptiez pour nous de briser des nœuds, dont vous pouvez espérer, à la majorité de M. de Cinq-Mars, une si brillante existence. — Je l'ai cru, comme je vous le disais, tant que je me suis flattée que mon enfant vivrait; mais je l'ai perdu, et son père, main-tenant libre, pouvant aisément se sous-traire à la surveillance de sa mère, n'a

pas cherché les moyens de se rappro-
cher de moi, ne m'écrit pas même
pour me consoler dans mon exil. Mon
illusion est détruite; Cinq-Marcs ne
m'aime plus. » L'abbé chercha à me
persuader le contraire; mais il ne put
y réussir, et je repris : « Il faut que je
voie M. de Senneterre. Ecrivez-lui que
vous avez à lui parler d'une chose qui
l'intéresse, et qu'il faut absolument
qu'il vienne ici, que je vous ai prié
de l'y engager. Une chose essentielle,
c'est qu'il faut que ni M. de Senneterre
ni mademoiselle de Stainville ne sachent d'où viendra la dot. Je serais
assez d'avis que ce fût vous qui soyez
censé la donner. Vous direz que le bé-
néfice que je vous aurai fait avoir,
vous suffisant pour vivre agréablement,
vous vous défaites, en faveur de Blanche, de ces fonds, à condition qu'elle
viendra avec son mari, tenir votre
maison à Toul.— En vérité, madame,

vous me causez un étonnement extrême. Quelle délicatesse, quel désintéressement! et sans vouloir que l'on
sache que c'est vous qui faites de si
grands sacrifices; car enfin, ce sera
bien vous qui doterez ma nièce. —
Non, car jamais je n'aurais voulu recevoir cette somme, si elle ne devait pas
être la dot de l'aimable Blanche; qu'elle
passe dans vos mains pour marier
votre nièce à celui qu'elle aime, cela ne
change rien à ma situation, et me procure seulement l'extrême plaisir de faire
des heureux ; mais je vous le répète, je
ne veux pas que M. et Madame de
Senneterre le sachent.

L'abbé céda à ma volonté : il écrivit dès le soir à l'amant de sa nièce.
Je fis monter mon postillon à cheval,
et il porta la lettre. Le très-amoureux
Senneterre se hâta de se rendre aux
ordres de l'oncle de sa bien aimée,
et nous le vîmes revenir avec Jame. Il

s'arrêta dans le vestibule, et fit demander M. de Stainville ; qui vint aussitôt, et lui dit que c'était moi qui voulais le voir. —Madame la comtesse de Rieuville, et que me veut-elle?—Vous rendre le plus fortuné des hommes. — J'ai renoncé au bonheur dès que je ne puis être l'époux de Blanche. — Qu'importe, sachez ce que cette aimable femme veut faire pour vous. — Je ne veux rien savoir. Elle est belle, riche ; elle m'a paru très-aimable ; mais je ne puis aimer que Blanche. —Eh bien ! monsieur, retournez à Remiremont sans la voir, sans la remercier de ses bontés, sans voir Blanche, vous en êtes le maître. —Mais comment voulez-vous que je la voie : si elle a daigné me distinguer, si elle m'offrait ce qui ferait le bonheur suprême de tout autre, que lui répondre? Vous ne savez pas, mon cher abbé, la colère qu'inspire aux femmes un refus.

—Eh bien! moi, je vous assure que vous ne la refuserez pas. — Et moi, je vous proteste que je ne consentirai point à manquer à la fidélité que j'ai promise à ma chère Blanche. Quand elle commencera son stage, je partirai pour Malte, et le jour où elle prononcera ses vœux, comme chanoinesse de Remiremont, je prononcerai les miens, comme chevalier de Saint-Jean de Jérusalem. — Rien de mieux que cela; mais venez toujours présenter vos respects à la comtesse, voir ma nièce et dîner avec nous. Madame de Rieuville a un bien bon cuisinier.—Eh! que m'importe? Mais enfin vous le voulez, monsieur l'abbé, si madame de Rieuville est offensée par mes refus, si cela vous attire des désagrémens, vous ne vous en prendrez pas à moi; je vous en ai bien prévenu. — Oui, parfaitement, je prends tout sur moi; et il se laissa presque entraîner dans

la galerie, où je l'attendais avec mademoiselle de Stainville.

CHAPITRE XXIII.

Nous nous levâmes , Blanche et
moi, à l'instant où ces messieurs entrèrent. M. de Senneterre me salua
d'une manière si respectueuse et en
même-temps si froide, que je vis qu'il
me croyait des prétentions sur lui ,
et , sans savoir ce qui s'était passé entre lui et l'abbé , je me promis de le
tourmenter , quand ce ne serait que
pour le punir de croire que j'en étais
réduite à faire des avances, ce qui
heureusement ne m'est jamais arrivé ,
et ce qui, à cet instant, n'était pas même à suposer , car je puis en convenir , j'étais encore fort belle. Je pris

donc avec lui un air caressant et je lui
fis des reproches , disant qu'il avait
fallu que je le fisse inviter par un de
ses amis , pour qu'il pensât à venir
dans ma solitude. Il balbutia quelques lieux communs dont je ne pus
m'empêcher de rire intérieurement ;
j'ajoutai : « Il me semblait que lorsque
l'on a passé une nuit au bal avec une
femme , que l'on a presque toujours
dansé avec elle , cela suffisait pour
lui demander la permission de lui faire
sa cour , et je ne me crois pas assez
disgrâciée de la nature , pour que l'on
se dispensât de suivre avec moi les
lois reçues dans la société. — Mon
service, madame, m'occupe beaucoup.
Lorsque l'on n'a d'autre moyen de
parvenir que par son zèle , on ne né-
glige aucune occasion de le prouver
et des absences. . . . — Fréquentes, je
conviens qu'elles pourraient être re-
marquées, mais venir une fois ou deux

toutes les semaines, consoler une pauvre veuve ; c'est une œuvre méritoire.
— Vous savez le contraire, madame,
et qui ne serait flatté d'être admis
dans votre société : il serait cependant
possible que je fusse très-peu propre
au rôle de consolateur . . . . . et fort
malheureux moi-même . . . . — Vous
êtes malheureux mon cher comte,
vous m'intéressez encore plus. Il faut
m'ouvrir votre cœur. Je le disais à
l'abbé, je vous ai trouvé l'air mélan-
colique, rien ne me charme autant.
Votre belle vous est infidèle, il faut
vous en venger, ah ! M. de Senneterre,
la vengeance est si douce, c'est le plaisir des Dieux. — Je n'ai nul sujet de
me plaindre que du sort. — Un père
barbare, un tuteur jaloux, vous sé-
pare de l'objet de vos amours ! Eh !
bien, mon cher, il faut penser à un
établissement solide, une femme qui
assurera votre avancement, et vous

apportera une dot, qui, jointe à votre fortune et à vos appointemens,
vous procurera une existence charmante. — Je ne veux point me marier.
— Voyez la calomnie, on m'avait dit
que vous recherchiez une personne
aussi vertueuse que belle, mais que
vous ne pouviez l'obtenir : alors bais-
sant les yeux, et minaudant comme
une pensionnaire de couvent, j'ajoutai, j'avais pensé, ... j'avais cru, ...
qu'un parti très-sortable , ... une personne qui vous adore. ..... — Elle a
mille fois trop de bonté : j'ai déjà eu
l'honneur de vous dire, madame la
comtesse, que je ne voulais pas me marier. — Pas même avec mademoiselle
Blanche de Stainville. — Qui vous
dit ? — Vous ; j'ai beau vous dire,
qu'il ne tient qu'à vous d'être le plus
heureux des hommes , vous répon-
dez toujours, je ne veux pas me marier. — Ah! de grâce , madame, dai-

gnez m'expliquer une énigme dont je
cherche inutilement le mot. J'aime à
l'adoration, j'en conviens, l'aimable
Blanche ; son oncle, sait que j'ai tout
fait pour l'obtenir, mais son père
nous trouve trop pauvres. Décidé à ne
vivre que pour elle, je ferai des vœux
à Malte, quand elle prononcera les
siens au chapitre. — Ainsi toutes les
propositions que je vous ai faites, vous
les rejettez.—Absolument. Si ce n'est
pas de mon mariage avec mademoiselle de Stainville, dont vous parlez.
— Eh! bien, quittons une plaisanterie que je n'ai faite que pour vous
tourmenter un peu, et si vous descen-
dez au fond de votre cœur, vous verrez que vous le méritiez. Sachez donc
que l'on ne pense point à vous, que
l'on n'y a jamais pensé et que trop de
choses importantes occupent dans ce
moment, pour chercher à faire des
conquêtes. C'est donc de Blanche,

d'elle seule que j'ai voulu vous parler.
Je me fais fort de vous faire major,
d'avoir une bonne abbaye pour l'abbé, qui m'a promis qu'alors il dote-
rait sa nièce. C'est peut-être un peu
simoniaque, mais je prends sur moi le
péché. »

M. de Senneterre, put à peine en
croire son bonheur, il se jeta à mes
genoux. — C'est à ceux de Blanche,
que vous devez être. — De toutes
deux, disait-il, mais nous le fîmes relever. La joie de cet aimable couple
rafraîchissait mon âme fatiguée depuis quelques mois de tant de secous-
ses. Après leur avoir laissé le temps
d'exprimer l'un à l'autre leur amour,
et à l'oncle et à moi leur reconnaissance, je leur dis qu'il fallait parler
raison, et après les avoir assuré que
j'étais sûre d'obtenir ce que je deman-
derais, je dis à M. de Senneterre,
qu'il fallait qu'il me confiât ses états

de service, pour que je les fisse passer à Saint-Germain, où la cour était alors. Il me dit qu'il serait, pour cela, forcé de retourner à Remiremont, où ses papiers étaient restés ; mais que je pouvais être sûre qu'il n'y perdrait pas un moment.

L'abbé lui dit : Eh ! bien, avais-je tort ? Il convint qu'il avait eu la ridicule prétention de croire que j'avais des projets personnels ; et il se trompait bien, je n'étais pas accoutumée à aimer à crédit. Il me demanda mille fois pardon, et je n'eus pas de peine à le lui accorder.

Blanche me prenait la main, me la baisait avec tendresse, l'abbé me disait les choses les plus flatteuses ; il n'y avait que M. Senneterre qui éprouvait avec moi une sorte d'embarras, causé par des souvenirs vagues, dont, pour rien au monde, il n'eût voulu parler. J'attribuais l'air contraint qu'il avait à l'orgueil, et cela ne m'en donnait pas très-bonne opinion ; il est humilié, me disais-je, des services que je lui rends ; il n'en ferait donc pas autant à ma place : et je l'en estimais moins.

Après le dîner, nous fîmes de la musique, il nous quitta le plus tard qu'il put, et promit d'être au château le lendemain après la parade. Mes observations sur le caractère du comte me faisaient craindre que Blanche ne fût pas aussi heureuse que je le désirais ; et j'étais bien loin de deviner le sujet du trouble que je remarquais dans son amant.

Blanche, qui adorait Senneterre, ne voyait rien d'extraordinaire en lui, et se livrait avec toute la naïveté de son âge, à l'espoir le plus flatteur. J'avais fait retarder le dîner, afin que notre amant eût le temps d'arriver, et, en effet, il fit une telle diligence, qu'il fut à temps de se mettre à table avec nous. Il me fit voir qu'il avait ses brevets. — Nous les examinerons après dîner, et il n'en fut plus question. Il semblait que nous prenions à tâche, M. de Senneterre et moi, de nous tourmenter l'un après l'autre. Si je l'avais inquieté, quand il me croyait amoureuse de lui, je ne l'étais pas moins de voir ses regards sans cesse attachés sur moi, surtout lorsqu'il croyait que je ne le regardais pas. Ce qui était singulier, c'est qu'au bal, il avait paru s'occuper peu de moi et beaucoup de sa danse, que la mienne faisait valoir, et c'est pour cela seulement qu'il me priait plus souvent qu'une autre, n'osant danser que rarement avec Blanche.

Dès que nous fûmes sortis de table, où j'avais engagé trois ou quatre personnes des environs et le curé. Je priai ce dernier, dè descendre avec eux

6.

dans la salle de billard, où je dis que
nous irions les joindre, et nous passâmes dans la tourelle avec l'abbé, sa
nièce et son futur époux. Nous nous
y enfermâmes. Alors M. de Senneterre
me fit voir son brevet de sous-lieute-
nant, et quel fut mon étonnement,
de trouver le nom ... de Florange...
Je dissimulai la surprise que ce nom
me fit éprouver et je sentis qu'il était
important que Blanche ne sût pas
notre avanture du coche. Je ne m'en
promis pas moins de me faire reconnaître à celui que dans mes mémoires
j'appelle le joli sous‑lieutenant. Je
continuai à examiner les papiers.
Nous fîmes un placet au roi, pour
avoir la première place de major dans
un régiment de dragons, vacante. Ce
n'était que pour la forme : ma lettre
à Cinq-Marcs valait mieux que tous
les placets du monde, et j'assurai
M. de Senneterre qu'il serait bien

servi. L'abbé était seul dans ma confidence. Je dis que j'écrirais le lendemain à M. de Villarceau. Nous repassâmes dans la salle de billard, où
je gagnai quelque parties au capitaine,
que je trouvais extrêmement changé. On
ne juge de l'effet inévitable du temps,
qu'en regardant ses contemporains.

Mes voisins nous quittèrent, et nous
fîmes de la musique, Blanche chanta
à ravir et je l'accompagnai sur le cla-
vecin. Ces plaisirs purs, et les charmes que l'on trouve avec ceux dont
on fait le bonheur, rendirent les heures de cette soirée très-courtes. Il était
plus d'une heure du matin, que nous
n'avions pas encore pensé à nous retirer. Il fallut bien cependant nous séparer ; je dis à l'abbé, sans que Blanche l'entendît, amenez M. de Senneterre, demain, au pavillon de la Volière, je veux vous parler sans qu'elle
soit présente.

Quoique je me fusse retirée fort tard, je me levai de très-bonne heure, je fis la toilette la plus simple, point de rouge, une robe blanche avec une ceinture de rubans, mes cheveux, rattachés sur ma tête avec la fameuse couronne de bluets, ou plutôt celle qui rappelait la véritable, et, sous ce costume champêtre, je pris la route qui conduisait au rendez-vous que j'avais indiqué. C'était un charmant pavillon, auquel était adossée une volière, une glace servait de séparation entre l'un et l'autre, de sorte que l'on jouissait des jeux de ces jolis petits animaux, et on entendait leur ramage. C'était madame de Villarceau, qui avait fait faire cet abri dans son parc, je m'y plaisais beaucoup. Il y avait environ une heure que j'y étais, quand je vis l'abbé qui venait avec M. de Senneterre.

Si j'avais engagé l'abbé à venir seul,

la couronne de bluets eût pu annon-
cer des desseins dangereux pour le
salut de son âme; mais j'avais demandé un tiers : à quoi servait-elle ?
il ne fut pas long-temps à le savoir.
A peine Senneterre fut-il entré et
qu'il m'eût aperçue, il s'écria : « Est-ce
un songe, une illusion? cette couronne de bluets, ces traits charmans,
daignez me dire, madame, si ce que
j'ai soupçonné depuis que vous m'a-
vez permis de vous faire ma cour,
est vrai? — Avant de répondre, je
vous demande comment M. de Senneterre s'appelle-t-il de Florange que
M. l'abbé m'avait dit avoir été tué à
la Rochelle? — Florange, reprit l'abbé, Florange! quoi! Senneterre, vous
vous appelez Florange? — C'est ainsi
que l'on m'appelait, quand un jeune
séminariste donna à la plus jolie personne que j'aie vu, une couronne de
bluets; y êtes-vous maintenant, mon-

sieur le grand-vicaire? — Eh! mon
dieu oui, j'y suis. — Voyez comme
cette charmante personne est encore
belle et fraiche avec la même coiffure.
En vous voyant, madame, reprit
Senneterre, on s'aperçoit que les années n'ont fait qu'ajouter à vos charmes, et si je pouvais être infidèle à
Blanche, vous seule en seriez cause.
— Rien de plus galant; mais je n'en
suis pas la dupe, comme je l'ai été de
votre belle déclaration et de celle de
votre rival. Je me suis fait seulement
un plaisir de vous réunir ici tous deux,
sans que notre jeune amie le sût. Avec
une âme aussi sensible que la sienne,
tout fait ombrage. Mais, dites-moi
donc, monsieur de Florange, comment vous appelez-vous Senneterre?
— Parce que c'était le nom de mon
frère aîné qui est mort, en effet, au
siége de la Rochelle on l'appelait quelquefois Florange, nom d'une terre

qu'il avait vendue. Lorsque je le per-
dis, je pris le nom de Senneterre. Mais
moi, je ne conçois pas comment nous
ne nous sommes pas reconnus l'abbé
et moi.—Cela prouve, reprit le grand-
vicaire, que nous sommes assez chan-
gés l'un et l'autre. —La guerre et les
travaux apostoliques vieillissent tant.
Pour vous, madame, je n'avais pas besoin de la couronne de bluets pour
trouver dans votre physionomie des
souvenirs, qui se présentaient sans
cesse à ma mémoire. Si je n'en fus
pas frappé quand je vous vis la première fois au bal, cela tint à l'éclat
de votre parure; elle était si éblouis-
sante, qu'elle dérobait aux regards ces
grâces naïves que vous avez reçues de
la nature, et qui vous rendent toujours plus belle, moins vous employez
d'art pour plaire. Ce matin vous êtes
adorable; l'abbé n'ose pas en convenir. La gravité de l'état l'en empêche;

mais un capitaine de dragons, quoique
amoureux fou d'une autre, ne peut
cependant s'empêcher de dire que vous
êtes ravissante». L'abbé souriait. Je n'é-
tais pas fâchée de l'avoir en tiers ; et, en
vérité, je crois que si nous eussions
été seuls, j'aurais eu de la peine à
me défendre contre son futur neveu.
Il se passionnait au souvenir de l'a-
venture du coche. Je finis par en rire,
ainsi que l'abbé, qui le remercia du
conseil qu'il lui avait donné de ne pas
quitter son état qui le rendait très-
heureux.

M. de Senneterre me parla de ma
marraine, mais avec une extrême discrétion ; il avait un si grand usage du
monde, qu'aucune de ses questions
ne put m'embarrasser. On se doute
bien que ces souvenirs de ma jeunesse augmentèrent l'intérêt que je
prenais à la fortune de cet aimable officier, et je ne le lui cachai pas, en lui

recommandant la plus grande discrétion vis-à-vis mademoiselle de Stainville. Nous restâmes près de deux heures dans cette retraite, et après nous
être réitéré les assurances du plaisir
que nous procurerait cette singulière et
heureuse rencontre, nous revînmes
au château, mais par des routes différentes, pour ne pas paraître avoir passé
du temps ensemble. J'allai dans la
chambre de Blanche, qui ne faisait
que de se lever. Je la plaisantai sur sa
paresse, et l'emmenai déjeûner avec
ces messieurs qui nous attendaient dans
mon appartement.

CHAPITRE XXV.

J'étais si persuadée que je ne pourrais être heureuse en m'obstinant à
garder un époux qui paraissait être

devenu si indifférent pour moi, que
je ne faisais qu'un léger sacrifice à la
paix, en signant mon désistement. Je
le traçai dans les termes qui pouvaient
m'être favorables, et j'y faisais valoir
qu'étant dans les états d'un prince
étranger, je n'avais rien à craindre
des suites d'une procédure dont je
n'aurais pas même l'ennui; qu'ainsi,
je ne consentais à la rupture de mon
mariage, que pour l'intérêt de celui
qui était encore mon époux et pour
qui j'avais un attachement si sincère
que, préférant sa tranquillité à mon
bonheur, j'adressais cette renonciation
à Ninon, pour qu'elle la remît à Villarceau, qui la donnerait à Cinq-
Marcs, ainsi que la lettre que j'écrivis à mon volage époux, et dont voici
la copie :

« Vous, qui m'avez contrainte à
être votre épouse légitime, lorsque
je n'avais pour vous qu'un sentiment

de préférence, à peine senti; vous à qui je me suis attachée par la douceur et le charme de votre société, et bien plus encore par les liens que la nature avait formés entre nous et que je vous ai vu chérir presque autant que moi. Comment pouvais-je alors imaginer que, vous unissant à mes ennemis, vous me laisseriez déchirer par eux sans pitié, c'est ce que vous faites. Il ne vous a pas paru suffisant que j'aie éprouvé la plus vive douleur par la perte de notre fils. Vous m'y avez abandonnée; vous l'aggravez encore par l'idée que vous ne la partagez pas. Tout doit me faire croire que vous ne m'aimez plus. A quoi servirait de braver le courroux de votre mère, celui, plus dangereux pour vous, du cardinal? Pourquoi voudrais-je vous exposer aux dangers continuels, qui n'auraient pour vous aucun dédommagement? Vous m'avez trouvée riche, indépendante, ne relevant que de Dieu et de ma volonté. Vous n'aurez point de reproches à vous faire, car je resterai dans la même situation où j'étais, quand vous vous êtes imaginé avoir de l'amour pour moi. Cependant j'ai eu un violent chagrin, des douleurs physiques. Tout cela demande quelque dédommagement. j'ai dû refuser avec hauteur, celui que votre mère m'offrait, il ne s'agissait pas de moi à cet instant, mais de l'état de l'enfant que je portais dans mon sein. Aujourd'hui, qu'il n'est plus question que de moi, je vous prie de dire à madame d'Effiat que j'accepte les quarante mille livres qu'elle m'a offerts, sans autre explication; mais à vous je veux bien vous dire que je n'en veux pas pour moi, mais pour un être charmant, qui, sans cette somme serait condamné au célibat; » et là je lui racontai ses amours

de Blanche et d'Alfred. Je lui disais
que la jeune personne était nièce d'un
grand-vicaire de Toul, mon ancien
ami, sans entrer dans aucun détail,
et j'ajoutais : « Vous voyez que j'ai pris
des engagemens, qu'il faudra bien, mon
cher Cinq-Marcs, que vous acquit-
tiez. Que de maris se trouveraient
heureux d'être débarrassés de leur
femme à ce prix ! Je compte donc
que vous ne me dédirez pas ; pensez
que je suis encore votre épouse, en lé-
gitimes nœuds, et que si vous ne faites
pas mon capitaine, major d'un régiment de dragons, et mon grand-vicaire,
abbé d'une riche abbaye, si votre mère
ne compte pas quarante mille francs
à Villarceau, pour les donner à l'oncle
de Blanche, qui sera censé les donner
à sa nièce, vous n'aurez pas ma renonciation. Bien plus, je prendrai votre nom, je ferai habiller mes gens à
votre livrée, et je me ferai présenter

à madame la duchesse de Lorraine,
comme madame de Cinq-Marcs. A
cette cour, on est accoutumé à soutenir la validité des mariages. Vous
connaissez assez mon caractère, pour
savoir que je ferai ce que je dis ; mais
j'aime mieux, comme je vous en ai
assuré, votre repos que mon bonheur.
Il faut que vous achetiez votre tranquillité en faisant la félicité de mes
jeunes amis. Hélas! pourquoi celle dont
je n'ai fait qu'apercevoir l'ombre, s'est-
elle évanouie pour jamais, et pourquoi
les préjugés m'empêchent - ils d'être
aux yeux de tous, votre fidèle et
tendre épouse ?

» MARION DE CINQ-MARCS.

«P. S. Mon courrier restera à Paris jusqu'à la conclusion de cette malheureuse affaire, voulant une réponse définitive.»

J'attendis avec un sentiment que

je ne peux définir, le retour de Laurent. Je craignais, je désirais que l'on
acceptât mes propositions. N'être plus
madame de Cinq-Marcs, la femme du
grand écuyer, du favori, quand on
l'a été, quand on en a eu un enfant,
cela fait un vide dans la destinée;
mais aussi, être libre, indépendante,
revenir à Paris, où j'ai laissé des amis
fort tendres, toutes ces choses ont
quelque mérite. D'ailleurs, je serais
bien plus sûre de fixer le sort de
Senneterre sans de grands sacrifices;
car j'étais décidée, si madame d'Effiat ne donnait pas les quarante mille
livres, à vendre une partie de mes
diamans pour faire cette somme. Il
faut aussi que je convienne que Cinq-
Marcs était jeune, beau presque autant que Buckingham. Sa personne me
plaisait : et c'est peut-être ce qui rend
plus difficile à rompre les unions même de simple amitié. On se plait à

porter avec complaisance les yeux sur
l'objet aimé. Il joignait à ces agrémens naturels un soin de sa personne ;
une recherche de propreté qui attache
singulièrement. Partout où il entrait,
il parfumait l'air d'odeurs si douces et
si suaves, qu'elles portaient le trouble
dans les sens (1). Il n'était pas brillant,
audacieux comme mon pauvre duc,
mais il avait bon air ; son esprit était
orné. Enfin, c'était, je me plais à
le répéter, un homme très-aimable et auquel il fallait renoncer pour
toujours. Hélas! quand il aurait pu,
dans l'ombre du mystère, revenir
quelquefois à moi, ce n'eût été qu'un
surcroît de douleurs, quand le cruel
Richelieu le sacrifia peu d'années après.
Ainsi, j'eus tout lieu de bénir la

_____

(1) Je suis sur cela de l'avis de madame de Genlis :
c'est une des plus fortes séductions.

Providence de ne lui en avoir pas donné la pensée.

Je restai près d'un mois dans la plus cruelle incertitude, quand enfin je vis revenir Laurent : mon cœur se serra, je devins tremblante et je n'eus pas la force d'aller au-devant de lui ; il entra dans la galerie où j'étais, et me remit un paquet, dont l'adresse avait été écrite par Villarceau. Je lui demandai s'il avait vu M. de Cinq-Marcs. Il me dit que non, qu'il était parti avec le roi, pour aller dans la province de Roussillon, ce qui avait retardé le retour de Laurent. Celui-ci m'assura, qu'il s'était bien ennuyé à Paris. — Je lui demandai, s'il avait été voir Sastenacre : il me dit que oui, qu'il était revenu dans sa famille et que M. de Cinq-Marcs lui avait fait obtenir une bonne place dans les octrois. — Au moins, dis-je, il a fait là une bonne action ; et, ayant engagé Laurent à se reposer , je rentrai dans mon appartement pour ouvrir mes dépêches. Je vis, au premier coup-d'œil , que l'on s'était empressé de satisfaire à toutes mes demandes beaucoup plus que je ne l'aurais désiré. Un brevet de major pour Senneterre , dans le régiment de la Reine-Dragons; la nomination de M. l'abbé de Stainville , à l'abbaye de Long-Pont ; un mandat de quarante mille francs au porteur, sur un des premiers banquiers de Paris , et signé par madame la maréchale d'Effiat ; une lettre de Cinq-Marcs , une de Ninon, une de Villarceau. Je tenais tous ces papiers, sans avoir le courage de voir ce que mon inconstant époux m'annonçait. Cependant je m'y décidai et je lus ce que je transcris ici :

«Comment répondre, chère Marion, à votre lettre, sans convenir que tous les torts sont de mon côté. Cependant il n'y a aucun doute que si nous eussions été en Angleterre, cette patrie de la liberté, et surtout de la philosophie, j'aurais déclaré notre mariage, notre enfant eût vécu, nous en eussions eu d'autres, et je n'aurais rien regretté que ma mère, elle a été plus alerte que nous, et, à sa place, nous en eussions fait autant. Je l'ai revue, elle m'a dit qu'elle mourrait de douleur, si je m'obstinais à vouloir donner la sanction des lois à notre mariage. J'avais éprouvé, par l'affection que je ressentais déjà pour l'enfant de notre amour, combien on peut aimer son fils, et, par conséquent, souffrir de le voir insensible à sa tendresse. Je me défendis faiblement. On prit mon silence pour une adhésion, qu'on n'eût jamais obtenu, si notre enfant eût vécu. On agit contre vous, ma chère Marion, en mon nom; quand j'en fus instruit, je n'eus pas eu la force de m'y opposer. Les chagrins que vous avez éprouvés, ont été cause de la mort d'une innocente créature que j'aurais tendrement aimée, que j'ai sincèrement regrettée. Mais qu'aurais-je pu vous dire? A cet instant, ma lettre n'était point telle que mon cœur l'eût dictée. Je me sentais coupable, et je le fus encore plus. A présent vous me demandez des dédommagemens de tant de chagrins, d'une manière si noble, si généreuse, que j'y reconnais le cœur de celle qui fut ma compagne. Je me suis empressé de remplir vos intentions. Puisse mon obéissance à vos ordres vous prouver, ma chère Marion, que dans tous les temps, vous pouvez disposer de moi, et qu'il n'est rien que je ne fasse pour vous prouver mon éternel attachement. »

CINQ-MARCS,
Grand Ecuyer de France.

Je fus moins mécontente de cette
lettre, que l'on aurait pu le penser.
J'y trouvais une grande franchise, des
témoignages d'estime; le désir de conserver quelques relations avec moi. Je
résolus de me montrer au-dessus de
mon sort, comme je l'avais fait jusqu'à présent dans cette affaire ; et, pour
au moins jouir des dédommagemens
que la faveur du grand écuyer m'offrait, j'écrivis sur-le-champ à l'abbé,
qui m'avait quittée, ainsi que sa nièce,
il y avait huit jours, de venir me voir,
sans lui parler du retour de mon
courrier. Il vint aussitôt , et je lui
remis sa nomination ; le brevet de
Senneterre et le mandat de la maréchale ; celui-là ne devait être vu que
de lui.

Alors il voulut parler de sa reconnaissance je ne lui en laissai pas le
temps. Nous allons partir tout de suite,
lui dis-je , pour Remiremont. Je veux

aller voir votre frère, lui demander sa
fille en mariage, pour un de mes amis.
De là, j'irai voir l'abbesse, à qui je
dois une visite, m'en ayant fait une
ces jours-ci : vous lui apprendrez nos
projets. Je ramènerai Blanche, et, le
lendemain; je vous enverrai ma voiture, pour que monsieur votre frère,
son fils et Senneterre, viennent dîner.
On fera le contrat que l'abbesse signe-
ra, et on conviendra si la noce se fera
à Valsery ou à Remiremont.

Aussitôt le dîner, je fis mettre les
chevaux, je montai en voiture, et
nous arrivâmes à Remiremont comme
les chanoinesses étaient à vêpres; je
descendis malgré cela de mon carrosse:
l'abbé me quitta pour aller chez son
frère le prévenir que je ne tarderais
pas à venir chez lui : je fis demander
Blanche qui fût enchantée de me voir,
et plus encore d'apprendre que tout
ce que j'avais demandé était obtenu.

» Cela est-il possible ? — Rien de plus
vrai; le courrier est arrivé hier au soir ».
elle était si contente si gaïe , si heureuse
que je croyais l'être. « Senneterre sait-
il ces bonnes nouvelles ? — Pas encore, l'abbé les lui apprendra. Si l'of-
fice dure encore long-temps, je vous
laisse pour aller chez le futur beau-
père. Je reviendrai faire ma visite à madame l'abbesse, je lui apprendrai votre
mariage. » Comme je sortais du chapitre; je trouvai Senneterre que l'abbé avait
rencontré. Il monta avec moi en voiture, et nous nous rendîmes chez M.
de Stainville : on pense que je fus bien
reçue par ce digne père de famille; j'é-
tais seulement embarasséede l'excès de sa
reconnaissance. Il témoigna infiniment
d'amitié et d'estime à M. de Sennetere,
nous revînmes tous trois chez l'abbesse
où l'abbé nous attendait. Madame
de *** qui était instruite du sujet de ma
visite par le grand vicaire, me dit que

malgré qu'elle fut fàchée de perdre
Mlle Stainville , elle était fort aise de
sa fortune, et que la providence m'eût
amenée dans les Vosges, pour faire
tant de bien. Je demandai ce qu'elle
ordonnerait pour le lieu où se ferait
le mariage, soit à Valsery, soit au
chapitre. — Je désire qu'il soit fait ici.
— Nous nous conformerons à votre
volonté, mais la noce se fera chez moi,
et voudrez-vous m'honorer de votre
présence ? Madame de *** me le promit
et me permit d'emmener Blanche. Nous
nous séparâmes de MM. de Stainville,
en leur faisant promettre de venir le
lendemain avec Senneterre, qui eût
préféré venir avec moi dès le soir ; mais
je ne le voulus pas.

Nous passâmes la soirée tête-à-tête
avec l'aimable Blanche, qui ne cessait
de bénir l'instant ou j'étais venue dans
sa province. Elle ne pouvait suffire à
son bonheur. Je crus nécessaire de ne

point prolonger la soirée. J'avais besoin moi-même d'être seule, pour con-
sulter mon pauvre cœur, pour savoir
si la félicité dont j'étais cause, pouvait calmer mes douleurs ; et je ne trouvai pas encore compensation (1) ; et je
me dis : que faut-il donc, si je ne trouve pas dans l'exercice de la bienfaisance
un dédommagement à mes peines? Une
voix intérieure me dit, attends du temps,
de l'inconstance naturelle à l'espèce
humaine , la plus réelle des conso-
lations , parce qu'elle triomphe tôt ou
tard, même de la vanité d'être incon-
solable.

Le lendemain matin nos amis arri-
vèrent, et il fut décidé que l'on si-
gnerait le contrat aussitôt après dîner.

_____

(1) Elle n'avait pas lu le livre de M. Azaïs ; car elle
aurait trouvé une parfaite égalité de bien et de mal :
mais comment l'aurait-elle lu ? Son auteur n'était
pas né.

L'abbé vint me trouver dans ma chambre, au moment où nous allions signer,
et me dit qu'il avait beaucoup de peine à se décider à paraître généreux à
mes dépens. « Vous me faites faire, madame, une action peu délicate. Recevoir
des témoignages de reconnaissance qui
vous sont dûs me coûte infiniment. —
Il faut, mon cher abbé, en prendre
votre parti , ou j'envoie le mandat
à l'Hôtel-Dieu ; car je n'en toucherai
pas un écu, et il ne sera pas donné
en mon nom. » Il fallait qu'il se dé-
cidât et nous repassâmes dans le salon.

Quand le notaire que j'avais fait
venir, fut arrivé, et que nous fûmes
tous réunis , l'abbé tira de son porte-
feuille le mandat de madame d'Effiat,
et dit , d'assez mauvaise humeur, que,
cette dame faisant ce remboursement,
le montant serait affecté pour doter
mademoiselle de Stainville. Sa nièce
voulait lui marquer sa reconnaissance.

— Vous ne m'en devez aucune, ma
chère Blanche, tout votre bonheur est
l'ouvrage de madame; sans elle je n'aurais pu vous doter. — Mon frère, il
ne faut pas diminuer ainsi la générosité
de votre action, et prétendre que c'est
une chose extrêmement simple, non,
mon frère, je le répète elle est très-
magnifique, et, en admettant que c'est
à madame de Rieuville que vous devez
l'abbaye de Long-Pont, il n'en est pas
moins vrai, que vous seriez bien le
maître de garder cette somme, fruit
de vos économies et dont personne ne
vous eût forcé à vous défaire ; ainsi
c'est vous, vous seul qui dotez Blanche. — Et moi je vous dis que non. —
Quel homme, en est-il un plus entêté ?»
Et il me fallut interposer mon autorité, pour empêcher que la querelle
entre les deux frères, n'allât plus loin
et surtout que l'abbé ne fît quelqu'indiscrétion.

J'avais fait un choix dans mes diamans et mes bijoux , d'objets fort
agréables, de la valeur de dix à douze
mille livres. Je les mis dans une corbeille de satin blanc ; je l'avais portée
moi-même dans la chambre de Senneterre , et pendant que l'on dressait le
contrat, je l'appelai et le menai dans
la galerie , et lui dis : « Montez dans
votre chambre, vous y trouverez une
corbeille qui contient quelques bijoux
de mon choix, que je vous cède , pour
en faire présent à votre future, je les
évalue à dix mille francs. Vous allez me
signer une obligation de cette somme ,
payable à ma volonté ; et vous devez
croire qu'elle ne sera pas celle de vous
gêner; et que vous aurez tout le temps
qui vous conviendra pour payer cette
dette. Ainsi soyez sans inquiétude. —
Je n'en ai qu'une, c'est que vous ne la
demandiez jamais. Cependant, j'accepte
ce nouveau service , qui me fait un

sensible plaisir , puisqu'il me donne
la satisfaction de parer ma bien-aimée,
et si la fortune m'est favorable, je me
ferai un devoir.....—J'en suis sûre; surtout ne payez jamais qu'autant que
l'on représentera le billet. » Il signa et
alla de suite dans sa chambre , et vit
les présens que je faisais par lui à sa
future. Il les trouva bien au-delà du
prix que je lui en avais demandé, en
sa simple reconnaissance, que l'on pense bien que je jetai au feu aussitôt
qu'il m'eut quittée.

Je revins dans le salon, Senneterre
y reparut aussi. On signa le contrat,
et, au même moment, un ancien ser-
viteur du père de M. de Senneterre,
et que son fils gardait à son service, entra
et remit à mademoiselle de Stainville,
la corbeille. Elle fut enchantée de ce
qu'elle contenait : mais les rubans et
les modes nouvelles la séduisirent encore plus que les diamans et les bijoux,

et elle ne pouvait concevoir comment M. de Senneterre avait pu, en si peu de temps, réunir tant de jolies choses. « Cela ne m'étonne pas, dit l'abbé : il est protégé par une fée, » et je me rappelai que c'était ainsi que les bonnes gens des côtes de l'Aunis m'appelaient. Je lui fis mettre les pendans d'oreille, qui étaient fort beaux, et ses bracelets, où le portrait de Senneterre manquait. Il promit de le lui donner.

Après la signature, j'emmenai l'accordée dans ma chambre, et je fis développer des robes en pièces, que j'avais fait venir de Paris, et je lui dis : « Chacun fait son présent. Me sera-t-il permis de vous offrir quelques-unes de ces étoffes? » Elle ne le voulait pas : je l'exigeai ; elle choisit un satin des Indes, blanc, broché de pareille couleur pour le jour du mariage, celle du lendemain en velour rose. Des dentelles d'argent, rattachées avec des nœuds

(.153)

de perles devaient ajouter à la beauté des étoffes.

CHAPITRE XXVI.

Senneterre n'eut pas la permission de coucher à Valsery jusqu'au mariage ; mais il venait tous les jours, et je jouissais du bonheur des jeunes gens non sans regretter de n'avoir pu en conserver un semblable. Je cherchais en moi-même des ressources contre l'état d'abandon où j'étais réduite, sans que je pusse me flatter d'en trouver. Mon éducation avait été celle d'une petite bourgeoise de province : lire, écrire, quelques connaissances fort peu approfondies de la religion. On m'avait appris tous les travaux de mon

7..

séxe. Voilà en quoi consistaient mes
talens, quand j'arrivai à Paris. Du
reste, habituée à une extême écono-
mie, je me trouvai tout-à-coup dans
une maison opulente, où on me donna
des maîtres de musique, de danse ; et
des hommes de beaucoup d'esprit se
plurent à former le mien et à séduire
mon cœur. L'un était plus facile que
l'autre. Je n'acquis que des connaissances superficielles, qui suffisent pour
briller dans la société; mais qui, ayant été
acquises sans peine, ne font point
de traces profondes dans le cerveau:
on imite tous les métaux; mais ce n'est
jamais qu'une surface qui brille d'un
faux éclat. Je pouvais, dans la conversation, prendre part à des disserta-
tions savantes. J'avais là mes maîtres,
si je disais une absurdité, j'en riais
la première; mais, me livrer à un
travail sérieux, à des lectures profondes, impossible, et cependant je sen-

tais que c'était ce qui seul calmerait
l'agitation qui me dévorait. L'étude
rend la solitude délicieuse, quand on
peut s'y livrer. Je résolus donc, quand
le brouhaha des fêtes d'hymen serait
passé, d'engager l'abbé, qui était fort
instruit de m'apprendre le latin. Un
de mes voisins était astronome, avec lui,
je parcourrais le ciel et j'oublierais la
terre, et ainsi, je me flattais de vaincre
l'ennui qui m'accablait dans cette belle
retraite, où je comptais me fixer.
L'abbé m'y engageait, Blanche m'en
pressait, et Senneterre n'était pas celui qui le désirait le moins. Je ne pro-
mettais rien, et j'attendais à me décider que je fusse plus certaine de ce
qui convenait à ma position, pour ne
pas prendre légèrement un parti que
je regretterais peut-être. Je bornai
pour l'instant mes occupations à faire
faire les préparatifs de la noce.

Je me plaisais souvent à parer la

charmante accordée, qui enfin vit arriver le jour de son bonheur et celui
de son amant. Nous partîmes sans aucune toilette pour Remiremont. Dorothée y était depuis la veille avec
une autre de mes femmes, pour préparer tout ce qu'il fallait pour la mariée
et pour moi; nous trouvâmes à la
porte du chapitre Senneterre; il nous y
attendait. Blanche ne put le voir sans une
grande émotion : les couleurs les plus
vives couvrirent ses joues. Pourquoi
cette rougeur? elle l'avait vu tous les
jours et elle n'en avait point été troublée.
Pourquoi l'était-elle dans cet instant?
On ne peut l'attribuer qu'à l'instinct
de la pudeur que la nature inspire aux
femmes, pour ajouter au bonheur de
ceux à qui elles donnent des droits, dont
elles ignorent l'étendue. Senneterre
voulut monter avec nous. « Non, non,
dit-elle, ma bonne amie, c'est ainsi
qu'elle m'appelait, ne le laissez pas

venir, je vous en prie. Allez, mon
cher Senneterre, nous attendre dans
l'appartement de l'abbesse. Nous nous
y rendrons quand nos toilettes seront
faites. » L'abbé vint aussi nous saluer;
mais il avait l'air grave et ne plaisantait
pas, comme il avait coutume. Il allait
remplir des fonctions sacrées, il avait
besoin de recueillement. Je ne voulus
point l'en détourner, et je lui dis :
« Seulement, l'abbé, que le sermon
soit court, c'est le seul moyen d'être
entendu. — J'espère l'être, car le
cœur se fait toujours comprendre. »

Ma parure était magnifique. J'avais
une jupe de velours ponceau avec une
broderie en or de la plus grande ri-
chesse, le corsage en drap d'or, brodé
en argent sur toutes les coutures. Je
n'avais mis qu'une partie de mes diamans, j'avais prêté l'autre à Blanche
et au marié, qui était vêtu à la Hen-
ri IV. Il avait sur son chapeau ma

plume de héron, un bouton de diamans, et son manteau était rattaché
par une magnifique agraffe pareille.
Les boutons de son pourpoint étaient
de pierres précieuses ; enfin, il était
mis de la manière la plus riche. Tout
le chapitre était assemblé dans la galerie de madame de ***, et cinquante
autres femmes des environs, toutes
fort bien parées : mais il fut aisé de
voir qu'au moment où nous entrâmes
elles se regardèrent, comme pour se
dire, qui pourrait lutter contre tant
de magnificence? Je le vis, et me souvenant qui j'étais (car enfin, je n'étais
plus que Marion de Lorme), il me
réjouissait de penser à quel point j'en
imposais à cette illustre assemblée,
composée de tous les quartiers de no-
blesses imaginables.

Madame de *** était dans son fauteuil, à l'extrémité de la galerie op-
posée au côté par lequel nous étions en-

trés. — Les dames placées sur des banquettes, disposées dans toute la longueur de la pièce. Les chanoinesses étaient en grand habit de chœur. Blanche traversa cette haie redoutable, non sans un mortel embarras, et vint se jeter à genoux sur un coussin, aux pieds de l'abbesse, lui demandant de la bénir ; qu'ayant bien voulu lui servir de mère, quand elle avait eu le malheur de perdre la sienne, elle la priait de vouloir bien aussi lui en tenir lieu, dans ce jour si important pour elle. L'abbesse l'embrassa tendrement, lui souhaita tout le bonheur qu'elle méritait, et lui attacha la couronne virginale. Alors madame de ★★★ se leva, M. de Stainville vint prendre la main de sa fille pour la conduire à l'autel. L'abbesse me fit prier d'approcher, et nous marchâmes sur la même ligne, immédiatement après les époux. M. de Senneterre, donnait la main à l'abbesse , et le frère de la mariée , vint prendre la mienne. Tout le reste nous suivit ; il n'y avait dans tout cela que Senneterre qui sût que je n'étais que Marianne Grapin : encore cela valait-il mieux mille fois , que Marion de Lorme !

L'abbé attendait les futurs époux à l'autel. Il fit la cérémonie avec beaucoup de dignité et de noblesse. Son discours était bien sans cagotisme. Il y avait placé, avec beaucoup d'adresse, l'éloge de l'abbesse, celui du chapitre, et, en louant la providence, qui avait voulu récompenser les vertus de sa nièce, il parla d'une femme, sous les traits d'un ange , qui avait été choisie dans les décrets célestes, afin de remplir ses vœux pour le bonheur de ces époux. Je me trouvais tout embarrassée d'un compliment auquel je ne m'attendais pas. Je me sentis rougir, ce qui ne m'était pas arrivé depuis long-temps, et je me promis bien de gronder sérieusement l'abbé, de m'avoir mêlée à son instruction, qui, du reste, était fort bonne.

En sortant de l'église, nous montâmes en voiture, j'avais fait acheter à Nanci une très-belle berline, fond d'or, doublée en velour cramoisi, à franges d'or. Mes chevaux avaient les crins nattés avec des tresses d'or et de gros glands pareils. Les harnais étaient de velour cramoisi, toutes les boucles en cuivre doré, c'était là l'équipage de la mariée dans lequel elle monta, l'abbesse, le mari, le père, l'abbé et moi, nous y montâmes aussi. Mes gens étaient en habit écarlatte avec un large galon d'argent, enfin, rien ne pouvait avoir meilleur air.

Les habitans de Valsery vinrent au-devant de nous : les filles en blanc, avec des bouquets, les hommes avec des fusils, dont ils firent une si furieuse décharge, qu'elle effraya les chevaux, non-seulement les miens, mais ceux des autres voitures, car il y avait quarante personnes invitées à la noce, les chevaux se cabraient, et on eut toutes les peines du monde à se remettre en ordre, pour entrer dans la cour du château. Tout était prêt pour recevoir si grande et si nombreuse compagnie. Avec l'humeur magnifique que l'on me connaît, on pense bien que rien n'avait été épargné pour rendre la fête complète.

Au moment où on allait se mettre à table, quel fut mon étonnement de voir entrer Villarceau. Je ne craignais point d'indiscrétion de sa part. Il vint à moi très-respectueusement, et me dit : « Madame la comtesse, permettez-vous que l'on vienne prendre part au plaisir que vous goûtez dans ce moment, et, qui pour votre cœur, est sans prix ? — Sûrement, je

le permets et vous ne pouviez, monsieur, me causer une satisfaction plus
réelle. » En effet, elle était très-gran-
de, car je ne savais trop comment je
passerais la nuit : un jour de noce,
être seule . . . .

Je présentai le marquis à l'abbesse,
qui avait connu son père, et lui fit un
accueil flatteur. L'abbé, qui l'aimait
beaucoup, fut enchanté de le voir. Je
le plaçai à côté de l'abbesse ; et je me
mis de l'autre. Il m'aida à faire les honneurs de mon splendide repas.

On trouva en sortant de table, la
galerie et le sallon illuminés. Un orchestre pour ceux qui voulaient danser, des tables de jeux dans le salon
pour l'abbesse et les douairières. Je
dansai une partie de la nuit. Enfin, il
fallut céder aux empressemens de Seu-
neterre, et j'allai coucher la mariée
avec deux autres dames des parentes
de M. de Stainville. Car on pense bien

que l'abbesse, ni sa nièce, ne pouvaient
se trouver à cette singulière et fort
peu décente cérémonie. Je me retirai
dans mon appartement, je me dés-
habillai enfin, car ma parure me fatiguait à l'excès. Je renvoyai Dorothée,
qui avait besoin de se reposer : je lui
dis en sortant, de ne pas fermer la
porte de ma chambre, qu'il y avait
de la fumée. Villarceau, en passant, la
vit ouverte... « Quoi, c'est vous,
marquis, qui vous permet de pénétrer
jusqu'ici. — Celle qui a donné l'ordre
de laisser la porte ouverte. — J'avais
dit que la fumée ... — Elle est passée
et je la ferme. — Non, en vérité, je
ne veux pas. — Quoi, ma chère Marion, vous n'avez donc rien à me dire,
ne suis-je plus votre ami; et ai-je cessé
d'être votre amant ? Si vous avez cru
devoir aux liens qui vous unissaient à
Cinq-Marcs, de lui être fidèle, ces
liens sont rompus. Les rapports d'une

douce sympathie , qui nous frappè-
rent dès le premier jour où nous nous
revîmes chez Ninon, sont-ils détruits? »

Le son de sa voix avait quelque
chose de si touchant ; ses regards ex-
primaient tant d'amour, qu'il me paraissait très-dangereux de le garder
près de moi. Pensant bien qu'il dé-
truirait les résolutions que j'avais for-
mées ; d'un autre côté, je réfléchis-
sais que j'étais libre, qu'il faisait soixan-
te lieues pour me voir, pour venir
me consoler, car il savait bien que
j'étais vivement affligée ; pouvais-je re-
pousser ses soins ? Cependant, je ne
voulais pas changer le plan que j'avais
fait. Il me coûtait de revenir à Paris,
Marion de Lorme, après avoir joué
la femme de qualité ; je n'osais en
convenir, surtout avec Villarceau. Il
était seulement supris , affligé de me
trouver peu sensible à tout ce qu'il
me disait, pour me prouver qu'il n'y

avait rien de changé au temps où il
était le plus heureux des hommes.
Mais je résistais et l'assurais que je
voulais vivre dans cette retraite, que
je lui achèterais sa terre. « Je ne veux
point la vendre et encore moins à
vous. La solitude ne vous convient
pas, si vous ne voulez pas me croire,
croyez en votre amie; et il tira de son
porte-feuille une lettre de Ninon. —
Ah! donnez : quoi! vous pouvez, depuis votre arrivée, me priver du plaisir
que j'ai toujours en recevant ses lettres? — J'avais craint de vous la remettre au milieu de gens à qui il est
inutile, même dangereux de parler
d'elle, et depuis que j'ai le bonheur
de vour voir sans témoins, je me flattais que ce ne serait pas pour lire une
lettre de Ninon , toute charmante
qu'elle puisse être. — Vous permet-
trez pourtant que ce soit ainsi. Seulement, comme il ne peut rien y avoir

dans ce que m'écrit notre amie, que
vous ne deviez pas savoir, je vais vous
lire ce qu'elle m'adresse. »

Paris, le 10 février 1643.

« Vous ne vous plaindrez point,
mon amie, que j'aie cherché à vous
détourner de la route, où des circonstances fort extraordinaires vous
avaient placée, et qui devaient vous
conduire, suivant les probabilités, à la
plus brillante fortune : mais à présent que le rêve est fini, que faites-
vous à Valsery? Vous faites des heureux, comme partout où vous êtes.
Mais vous, pouvez-vous jouir d'une
parfaite félicité, et n'avez vous rien
qui vous gêne et vous inquiète? Le
rôle que vous avez joué dans le pays
où vous êtes, était tout simple, tant
que vous avez eu l'espérance que Cinq-
Marcs vous soutiendrait, et que vous
reparaîtriez dans le monde avec son

nom. Mais à présent ce n'est plus qu'un mensonge inutile, dangereux même. Vos jeunes gens sont mariés. Profitez de l'instant où rien n'a encore trahi votre secret pour quitter tous ceux qui admirent, chérissent madame la comtesse de Rieuville, et seraient peut-être capables des plus mauvais procédés avec la belle et charmante Marion. Dites seulement à l'abbé que, lorsque ses affaires l'appelleront à Paris, il vienne chez Villarceau, je veux faire connaissance avec lui. Je me fais une fête de voir ce grand vicaire, qui était un si joli séminariste : ne le faites pas venir chez vous ; cela l'empêcherait d'aller à l'évêché : il n'y a qu'au bel abbé de Gondi, à qui tout soit permis (1), et il n'en ira pas moins son chemin, mais tous n'ont pas son génie.

---

(1) Le cardinal de Retz.

« Villarceau part avec ordre de vous
ramener. Votre affaire est entièrement
finie : elle ne l'aurait pas été comme
vous l'avez voulu qu'elle l'eût été de
même ; il vient de paraître une nouvelle loi, qui déclare nul tout mariage clandestin. C'est donc la loi qui
a rompu vos liens : profitez-en, ma
chère Marion, pour revenir embellir
nos jolis soupers, tout languit loin
de vous. A propos, le chevalier de
Grammont est à Paris, il désire vous
voir, il est charmant..... Mais je ne
veux plus rien vous dire. Vous saurez
le reste quand vous serez à Paris. Je
ne vous écrirai plus ; venez, ou nous
irons, Desbarreaux, Saint-Evremont
et la Ferté vous chercher : voyez quel
scandale parmi vos saintes chanoines
ses et votre abbesse, et vos nouveaux
mariés : ne vous y exposez pas et venez.
» Tout à vous, votre sincère amie.»

INON DE LENCLOS.

Eh ! bien, me dit Villarceau, croyez-vous que votre amie ait tort? Il ne faut qu'un instant pour vous attirer des désagrémens , évitez-les en quittant ce pays à l'instant. Dites que je vous ai apporté des nouvelles , qui nécessitent votre présence à Paris, où je vous accompagnerai. Arrivée dans la capitale , vous retrouverez votre agréable maison qui vaut mille fois mieux que ce triste château. Vos amis s'empresseront à célébrer votre retour ; libre, belle , aimable, vous serez mille fois mieux qu'ici.» Je ne pouvais nier qu'il n'eût raison : d'ailleurs , je sentais ranimer dans mon cœur les premiers sentimens qu'il m'avait inspirés : il me pressait avec tant d'amour, de me laisser persuader, que je promis de partir avec lui ; alors ses transports devinrent si vifs. . . . . . .

, ...

Mon dieu! dis-je en jetant les yeux

sur ma pendule, mon cher marquis,
il est six heures du matin, regagnez
votre appartement, surtout que l'on
ne vous voie pas. Pensez que je
suis toujours, pour tout ce qui est
ici, excepté pour l'abbé, qui même
ne me connaît que comme la jolie
grisette du coche, une veuve pleine
de vertus et de mérite. — Ne craignez rien, je n'ai jamais nui à la réputation d'aucune femme, et il mit, en
effet, tant de précaution, que personne ne s'apperçut, pas même Dorothée, qu'il eût passé la nuit dans ma
chambre. Pour moi, dès qu'il fut parti
je dormis quelques heures, d'un profond sommeil. Mes femmes entrèrent
dans ma chambre à dix heures; je me
levai et m'habillai fort promptement,
car on devait partir à midi pour Remiremont.

~~~~~~

CHAPITRE XXVII.

———————

Je passai avant de me rendre dans la galerie, chez la nouvelle mariée. Ses yeux avaient moins de vivacité, mais sa molle langueur ajoutait à ses grâces naturelles. Elle n'avait pas encore souffert que Senneterre assistât à sa toilette, habitude que toutes les femmes mariées devraient prendre. La familiarité est ce qui tue les plaisirs de l'hymen. Ce n'était pas par calcul que Blanche avait éloigné son époux, à ce moment, mais par l'embarras extrême qu'elle éprouvait en le voyant. La délicatesse s'allarme d'une action louable en elle-même, mais qui s'écarte des idées reçues, et qu'elle a jusqu'alors suivies : elle en redoute le témoin secret et elle ne sait pas quel charme la vertu ajoute au bonheur de celui qui a su être heureux sans l'offenser ; avec quelle tendre émotion il voit les combats de la pudeur, qu'il est sûr de vaincre encore.

L'abbesse avait posé sur le front de Blanche la couronne virginale, ce fut moi qui plaçai dans ses cheveux celle de l'amour heureux. Ces deux rôles nous convenaient. Les roses dont cette dernière était composée, relevaient par leur vif éclat le beau teint de Blanche, que la fatigue de la journée avait rendu moins animé que de coutume. Cependant je ne voulus pas lui permettre de mettre de rouge (1) : ne vous hâtez pas, lui dis-je, de détruire ce bel accord de teintes qui vous sied si bien. Attendez que vous en ayez

_____

(1) A cette époque, et jusqu'en 1789, toutes les jeunes femmes de la société mettaient du rouge, bien plus comme distinction que comme moyen de plaire.

besoin, pour réparer les outrages du temps. Elle suivit mon conseil, et elle en fut mille fois plus charmante. Son père vint l'avertir que madame de ★★★ l'attendait. La dignité virginale d'abbesse d'un chapitre condamné au célibat, ne lui permettait pas d'entrer dans la chambre nuptiale. Aussi n'y vint elle pas, ni sa nièce qui en aurait eu peut-être envie : mais elle ne faisait rien que ce que voulait sa tante.

Nous descendîmes ; la galerie était pleine ; tout le monde voulait voir la nouvelle mariée. Elle se sauva comme elle put, des complimens, des questions, et alla se jeter dans les bras de l'abbesse, qui l'y reçut avec une tendresse presque maternelle. Comme on allait monter en voiture, les mères de familles apportèrent aux mariés le vin chaud. J'avais eu soin qu'il fût préparé avec le meilleur de ma cave. Ils mouillèrent leurs lèvres dans la même coupe

qui était d'or, et plus précieuse encore par le travail que par le métal.
Le maréchal de Guébriant me l'avait
donnée, quand il crut que je lui étais
attachée pour la vie. Elle pouvait être
offerte à un couple vertueux, nulle
lèvre impure ne l'avait souillée, n'ayant
jamais voulu m'en servir. Madame
de Senneterre la trouva sur la chemi-
née de la chambre qui lui avait été
préparée chez son père.

L'abbé s'était chargé de donner aux
habitans de Valsery, des marques
de bienveillance de sa nièce à leur
égard; et il le fit en gros bénéficier.
Je n'entrerai point dans le détail des
fêtes qui se succédèrent pendant huit
jours, tant au chapitre, que chez madame de Stainville et dans les châteaux
voisins. Enfin, excédée de fatigues, je
n'ose dire d'ennui, je revins, avec le
marquis, au château de Valsery, où,
malgré tout ce que m'écrivait Ninon,

nous passâmes un mois presque seuls.
Mais, ne voulant pas cependant la mettre trop en colère, je pris le chemin
de Paris, en même temps que ma
jeune amie se rendait à Toul, chez
son oncle. Nos adieux furent fort tendres. Elle me fit promettre que je passerais au moins tous les ans un mois en
Lorraine, comme je l'engageai à venir
à Paris, bien persuadée toutefois que
nous ne nous reverrions jamais. Car je
n'aurais voulu pour rien au monde nuire
à la réputation de cet ange. Et sans
qu'elle s'en doutât, l'abbé, qui fût entièrement dans ma confidence, arran-
gea toujours les choses, pour que sa
nièce, ne me vît pas et ne fût jamais
instruite qui j'étais.

J'ai su, par l'abbé que je vis plusieurs fois, que madame de Senneterre
était toujours aussi vertueuse qu'aimable; long-temps après on me dit
que, mère de plusieurs enfans, elle

avait joui tout le temps de sa vie, qui
fut moins longue que la mienne, de
l'attachement de son époux, et de son
oncle, du respect, de la tendresse de
ses fils, et de l'amitié de tout ce qui la
connaissait. Mais, comme je l'ai dit, je
ne la revis jamais.

Quant au grand vicaire, je rappor-
terai plus loin les relations que nous
conservâmes, et qui ne furent jamais
que celles d'une pure et sainte amitié;
et il me conserva toujours une sincère
affection et une grande reconnaissance
du bien que j'avais fait à sa chère
Blanche qui m'écrivait par son oncle,
sous le nom de comtesse de Rieuville : ses lettres respiraient le bonheur, et elle ne cessait de dire qu'elle
me le devait. Elle aura sûrement pleu-
ré ma fausse mort, comme tant d'autres; mais ne hâtons pas les faits qui
se multiplièrent et furent de plus en
plus bizarres.

8..

J'avais besoin d'un aussi aimable
compagnon de voyage que le marquis,
pour faire celui de Valsery à Paris,
d'une manière supportable. Je redoutais l'instant où je serais dans ma maison, n'étant plus que Marion de Lorme;
où je reverrais les hommes de ma société
qui auraient entendu parler de mon mariage, et de la triste issue qu'il avait eue.

Une entreprise hardie, quand elle
réussit inspire l'admiration : on ne
s'informe pas si elle était raisonnable
ou non; elle n'a point manqué, donc
elle était bien calculée, et elle fait
beaucoup d'honneur à celui qui l'a
tentée ; au contraire, si elle manque, on le couvre de ridicule : c'est un
fou, l'ambition l'a perdu, et on ajoute
à sa douleur, par les sarcasmes et l'iro-
nie dont il voit l'expression sur tous
les visages. Voilà ce que je redoutais,
voilà ce que je voulais éviter en de-
meurant à Valsery : mais il fallait re-

noncer à la société de mes plus chers
amis; et ceux-là, j'en étais bien sûre,
ne chercheraient point à ajouter à ma
peine; les autres, je serais toujours
la maîtresse, s'ils se conduisaient mal
avec moi, de leur faire fermer ma porte.
Voilà ce que Villarceau ne cessa de me
répéter tout le temps du voyage, que
je fis cette fois à petites journées, car
je n'étais pas pressée d'arriver. Nous
nous arrêtions dans les endroits qui
nous paraissaient les plus agréables;
l'alouette annonçait le retour du prin-
temps; c'était quitter la campagne au
plus beau temps de l'année, mais un
démon, qui voulait ma perte, ne me
permettait plus de reculer.

Villarceau, qui était l'homme du
monde le plus capable d'attentions
délicates, pensa qu'en arrivant à Paris,
et me retrouvant tout aussitôt chez
moi, je me livrerais trop promptement à de tristes souvenirs, avait

écrit à Ninon d'inviter nos amis à
souper chez lui, et l'avait priée d'y réunir tout ce qui pourrait me distraire de
mes pensées mélancoliques. On pouvait s'en rapporter à elle. Il ne m'en
avait rien dit; seulement avant de partir de Claie, où nous avions couché,
il me dit : « Je pense que nos amis
seront à votre arrivée, pour jouir les
premiers du bonheur de vous voir. Je
vous connais, ma chère Marion; il
vous déplairait de paraître en habit
de voyage, je crois que nous pourrions
en changer ici. Vous avez vos femmes
et vos valises, rien ne vous empêchera
de faire une toilette, inutile pour vous
embellir, mais qui mettra votre amour-
propre à l'aise. » Je le crus ; il avait
mis Dorothée dans la confidence ,
et , sans présager qu'une charmante
fête m'attendait, je me laissai parer
comme elle le voulait, sans y faire la
moindre attention.

Ce fut assez long, et il était au moins quatre heures du soir quand nous partîmes; ainsi, nous ne pouvions arriver de jour chez moi, et c'était là ce que voulait Villarceau. Je ne m'aperçus donc point que l'on ne prenait pas le chemin de la rue des Tournelles, et je ne vis que l'on ne m'y avait pas conduite, que lorsque je fus dans la cour de l'hôtel Villarceau, qui était tellement éclairée, qu'il était impossible que je ne reconnusse pas que je n'étais pas chez moi.

Des fanfares annoncèrent mon arrivée. L'aimable Ninon , mademoiselle Scudéri, son frère, Desbarreaux, que j'aurais dû nommer le premier, Corneille, Sarazin , et une foule d'autres, se pressaient sur le perron, s'élevaient sur la pointe du pied, pour me voir. Tous disaient : « C'est elle! Elle nous est rendue » Je fus, en quelque sorte, portée en triomphe dans la galerie, où

on me plaça sur un espèce de trône. À
peine y étais-je, que l'on exécuta une
cantate de Benserade, qui fut chantée
par les meilleurs musiciens du Roi. J'y
étais représentée sous une si aimable
allégorie, qu'en vérité mon portrait
était trop flatté pour que je pusse m'y
reconnaître. Saint - Evremont ne me
laissa pas ignorer que j'étais l'Egérie
que l'on chantait. « Ce n'est pas moi,
dis-je, mais je voudrais bien que cela
fût, pour être plus digne des bontés
de nos amis. »

A ce plaisir succédèrent des scènes
détachées que Voiture et Sarazin avaient
faites, et qui étaient d'une naïveté charmante. Elles nous conduisirent jusqu'à l'heure du souper : il fut délicieux,
et il y eut un concert où un jeune
enfant, que l'on ne connaissait encore
que sous le nom de *Baptiste,* et qui était
page de la musique du roi ; joua, tout
le temps qu'il dura, un délicieux solo

de violon qui déjà faisait prévoir ce
qu'il serait un jour (1), quand il ren-
contrerait le génie qui semblait attendre le sien, et dont l'heureuse réunion produisit ces chefs-d'œuvre ly-
riques et eurent place parmi les mer-
veilles du grand siècle qui s'est écou-
lé pendant ma longue vie, sans qu'à-
peine j'en aie joui. Mais, comment
me laissais-je toujours entraîner au-
delà du temps dont je rapporte les
faits? Pourquoi quittais-je l'aimable société que Villarceau réunissait chez
lui, pour m'égarer dans le souvenir
des peines qui m'accablèrent plusieurs
années après? J'étais loin alors de les
imaginer, pendant cette soirée qui se
prolongea une partie de la nuit, et
dont les amusemens, en se succédant,

_____

(1) Jean-Baptiste Lully, qui, le premier, tira la
musique française de la barbarie où elle était depuis
son origine.

ne laissèrent aucune place à l'ennui,
ni même aux réflexions.

Ce fut là que je vis pour la première
fois ce chevalier de Grammont, dont
les avantures bizarres, ont été écrites
avec beaucoup de gaîté, par le comte
Hamilton, que je vis en Angleterre,
plusieurs années après. Le chevalier
me parut charmant, et je ne sais si
Villarceau ne se reprocha pas à lui-
même de l'avoir engagé à venir, car
il parut ne s'occuper que de moi. Cependant les égards, la reconnaissance
que je devais à Villarceau, m'obligè-
rent à ne pas paraître faire attention
aux timides vœux d'un homme qui
avait quinze ans de moins que moi, et
sortait à peine de l'académie. Mais n'a-
vais-je pas été la femme de Cinq-Marcs,
qui n'avait que deux ans plus que lui ?
Je ne me livrai point à cette réflexion,
et je me contraignis si bien, que Villarceau n'eut que très-peu de soupçons

de l'impression que ce jeune fou faisait sur moi.

Comme on avait proposé de danser, j'eus une attention continuelle à ne danser presqu'avec Villarçeau. Mais je n'en étais pas moins fort aise, de voir que le chevalier de Grammont trouvait que je dansais à ravir; j'avais une autre raison pour ne pas m'engager légèrement avec le chevalier, il était à la cour, très-lié avec M. de Cinq-Marcs, avait déjà eu deux ou trois aventures remarquables, et dans lesquelles sa discrétion n'avait pas brillé. Je ne voulais pas que celui qui avait été mon mari, pût m'accuser d'avoir manqué la première à nos sermens. Nous n'étions plus époux; mais nous pouvions être encore amans, et tant que, ni l'un ni l'autre, nous n'avions point fait de nouveau choix, on pouvait toujours penser qu'en dépit des lois civiles, nous étions unis par celles de la nature. Je résolus donc d'attendre pour m'apercevoir que je plaisais au chevalier, qu'il fût certain ou que Cinq-Marcs se mariait, ou qu'il avait une maîtresse reconnue; ce qui ne tarda pas.

Une beauté célèbre parut à la cour de Louis : c'était Marie de Gonzagues, fille du duc de Mantoue. Elle était jeune, sa naissance illustre. Elle n'était pas, à la vérité, aussi belle que je l'étais encore; mais elle satisfaisait l'ambition du grand écuyer. Un favori ne croit rien de difficile de ce qu'il projette, et, après avoir été mon époux, il forma le dessein d'être celui de la fille d'un souverain. Malheureusement pour cette princesse, elle ne fut pas plus que moi insensible aux agrémens de l'esprit de M. de Cinq-Marcs et aux grâces de sa personne. Dès qu'il s'aperçut qu'il était aimé, il crut que le moyen le plus certain pour épouser la princesse de Mantoue était de la séduire;

et qui en avait plus de moyens que
lui? Mais, comme il avait réellement
l'intention de l'épouser, si le duc de
Mantoue y consentait, il mit beaucoup de prudence dans sa conduite,
pas assez pourtant pour que je n'en
fusse pas instruite; alors je lui écrivis
en ces termes :

« J'avais conservé jusqu'à présent
l'espoir que la loi qui cassait notre
mariage ne s'étendrait pas aux engagemens que nos cœurs avaient formés ;
mais l'illusion est détruite, vous aimez
une belle étrangère, des projets am-
bitieux s'unissent dans votre cœur avec
la passion que vous inspire ce nouvel
objet de vos vœux. Prenez garde, vous
qui m'êtes si cher, d'être entraîné plus
loin que vous ne voudrez ; car, malgré
qu'il ne reste plus rien entre nous, je
ne vous en conserverai pas moins, jusqu'au dernier moment de ma vie, le
plus tendre et le plus sincère intérêt.

Je n'ai pas besoin de signer cette lettre; le sujet qu'elle traite , et l'écriture, que vous connaissez, vous apprendront assez de qui elle est. »

Comme je venais de cacheter cette lettre, on m'en remit une du chevalier de Grammont : elle était si tendre et surtout d'un style si agréable , que, profitant de la liberté que l'infidélité de Cinq-Marcs me laissait , je lui répondis que je l'attendais à souper. On ne doute point avec quel empressement il se rendit à mon invitation : il se croyait plus avancé qu'il n'était.

Les premières personnes qu'il aperçut furent Ninon et Villarceau , qui l'avait amené chez moi. Persuadé que je lui serais bientôt infidèle , il avait renoué avec celle que l'on ne quittait jamais sans regret. Ninon, plus jeune que moi, avait encore long-temps à être charmante. Tout le monde sait combien elle conserva l'empire de la beauté.

Je ne pouvais en vouloir à Villarceau
de chercher à reprendre ses chaînes ,
puisqu'il était assez heureux pour retrouver une aussi aimable maîtresse.
Jamais elle n'était si aimable que lorsqu'elle était en très-petit comité ; alors
elle déployait toutes les grâces de son
esprit, qui égalaient celles de sa figure.

Le chevalier cependant ne paraissait
occupé que de moi : il avait cru être
admis en tête à tête. Quelqu'aimables
que fussent Ninon et Villarceau , ils
le gênaient infiniment. Au moins se
flattait - il qu'ils ne resteraient pas
toute la nuit, quand , tout-à-coup ,
au milieu du souper, je m'écriai : « Et
à quoi pensons-nous donc ? Il y a bal
masqué chez l'ambassadeur d'Espagne;
je vais lui envoyer demander des billets. Ninon fut de cet avis ; Villarceau
pensa qu'à la faveur du masque, il
pourrait renouer avec Ninon, sans rompre avec moi. Il n'y avait que le che-

valier qui ne trouvât pas cette partie
si agréable que nous l'imaginions ,
quoiqu'il fût destiné à avoir, en amour
comme en guerre , une audace héroï-
que. Il débutait dans le monde ; il ne
connaissait pas encore tous les ressorts
de la galanterie , et il ne s'imaginait
pas tout ce que le bal pouvait offrir
de ressources à un amant. Il fallut bien
pourtant qu'il consentît à venir chez
l'ambassadeur , ou à nous y laisser
aller sans lui. On m'apporta , dès l'instant même , nos billets ; j'envoyai
chercher des dominos et des masques
pour ces messieurs et moi, et, à minuit,
nous montâmes en voiture, pour nous
rendre à l'hôtel de l'ambassadeur.

CHAPITRE XXVIII.

Rien n'était mieux décoré que la galerie où l'on dansait. Un orchestre excellent, une illumination qui ne laissait pas regretter le jour, des buffets somptueux, tel était ce bal, qui était donné pour célébrer la naissance de monseigneur le dauphin, dont la reine, après vingt ans de mariage, était accouchée. C'était un grand évènement à la cour; et pour moi, je n'y voyais que l'occasion de fêtes brillantes où je comptais paraître avec éclat. Le bal masqué ne remplissait pas sur cela mes vues. De toutes les folies humaines, j'avoue que c'est, à mon gré, la plus sotte, de se couvrir le visage d'une figure hideuse, d'envelopper sa taille dans des habillemens qui en dérobent toute l'élégance, mettre à la place d'un son de voix doux et sonore un insupportable fausset, en vérité, voilà un beau plaisir! Remplacer la politesse par une liberté de langage, qui blesse autant les mœurs, qu'elle manque de délicatesse, et donne lieu par les vérités que l'on se croit permis de dire à tous ceux que l'on rencontre; à des scènes qui ont souvent les suites les plus funestes. C'est là ce que l'on croit un plaisir, pour lequel on altère sa santé et sa beauté; car rien ne gâte autant le teint que le masque : en vérité, je le répète, c'est une triste folie. Mais ce masque sert aussi à tromper les jaloux, à conserver les honneurs de la vertu, en suivant la route du vice; voilà pourquoi tant d'honnêtes femmes défendent ce plaisir, comme leur en procurant qu'elles n'oseraient avouer publiquement.

Telles étaient les réflexions que nous faisions Ninon et moi, au milieu de cette foule qui nous heurtait, nous poussait d'un côté à l'autre de la galerie, et nous assourdissait par ses plates plaisanteries, toutes répétées sur un ton aigu et toujours uniforme. Joignez à cela une chaleur et une poussière insupportable. Si on eût suivi mon avis, nous serions sorties de la salle peu de momens après y être entrées; mais Ninon avait envie de lutiner d'Aubignac, à qui elle en voulait pour avoir cherché à dénigrer Corneille. Elle s'attacha à ses pas, et lui dit les choses les plus fortes contre le cardinal, non comme ministre, elle ne s'y serait pas jouée, mais comme auteur, reprochant à d'Aubignac de faire bassement sa cour à M. de Richelieu aux dépens du plus beau génie que la France eût

II.

encore produit. Pour moi , qui me
souvenais de l'avoir vu chez madame
de Saint-Evremont , je ne voulus pas
me mêler à cette conversation ; elle
intrigua singulièrement le courtisan
du premier ministre, qui ne la reconnut
point sous le masque.

Le comte de Grammont se flattait
que le bal lui assurerait un bien auquel il mettait un grand prix; il me
tenait le bras de manière, à ce qu'il
croyait, que je ne pourrais lui échapper, me parlait sans cesse de l'amour
qui le brûlait; mais cela me touchait
peu. J'avais en tête de trouver ou
mademoiselle de Gonzague, ou Cinq-
Marcs. J'étais bien sûre qu'ils étaient
dans la galerie, car toute la cour s'y
trouvait. J'aperçus M. de la Rochefoucault , qui, fatigué de la chaleur,
avait ôté son masque; alors je dis au
comte de Grammont : « J'ai un mot à
dire au duc , faites-moi le plaisir de

m'attendre sur cette banquette; je vous rejoins à l'instant; » et, retirant vivement mon bras au moment où un grouppe se pressait contre nous, il ne me vit plus.

J'allai à M. de la Rochefoucault qui avait de l'amitié pour moi. C'était alors un des aimables hommes de la cour, il n'avait pas encore le ton grave et sévère de l'ouvrage (1) qu'il fit paraître plusieurs années après, et que je lus avec étonnement dans mon exil. Je n'y reconnaissais pas l'amant de madame de la Fayette. Mais enfin, pour suivre l'histoire du bal, je lui demandai si Cinq-Marcs était dans la galerie, et quel était son déguisement: « Le voilà, me dit-il, avec le costume tyrolien, auprès d'une belle Italienne que vous connaissez sûrement; c'est la princesse de Mantoue. Il ne l'a pas quittée depuis qu'ils sont

_____

(1) Les maximes de M. de la Rochefoucault.

entrés au bal, lui avec Monsieur, et
elle avec la Reine. Il voulut me faire
quelques agaceries; mais je m'éloignai,
et, me portant du côté où était mon
volage époux, je vins m'asseoir sur la
même banquette où il était avec la
princesse, et je me plaçai tout près
d'elle, remarquant soigneusement comme elle était mise, et, après ne m'ê-
tre que trop convaincue, par les discours que j'entendais, qu'elle m'avait
entièrement bannie de l'esprit et du
cœur de Cinq-Marcs. Je fus mettre
dans une salle voisine un costume ita-
lien, parfaitement semblable à celui
de la princesse. Je rentrai dans la salle,
où le chevalier de Grammont, Villarceau, et même Ninon, ne savaient ce
que j'étais devenue. Pour moi, je profitai d'un moment où Cinq-Marcs avait
été séparé de l'objet de son amour,
parce que Monsieur l'avait appelé; et
venant à lui comme si j'eusse été

Marie de Gonzague, je lui dis, si bas
qu'il pouvait à peine m'entendre, et
par conséquent impossible qu'il pût reconnaître le son de ma voix : « Cher
Cinq-Marcs, j'ai bien réfléchi à ce que
vous m'avez dit, cette occasion sera
peut-être la seule où je pourrai vous
prouver combien je suis sensible à votre amour, je n'ai pas la force de la
laisser échapper, mais seulement qu'on
l'ignore.

Cinq-Marcs, au comble du bonheur, s'empare de mon bras, me conduit à une voiture qui l'attendait; et
à peine fûmes-nous seuls, que, croyant
être avec la princesse de Mantoue, il
ne voulut pas lui donner le temps de
réfléchir, il n'avait plus rien à obtenir
quand nous arrivâmes dans sa petite
maison, qui était assez près de chez
l'ambassadeur; mais quand nous fûmes
dans le salon et que j'ôtai mon masque,
il est impossible de voir une figure

★

plus étonnée que la sienne. — Quoi! madame, c'est vous? — Oui, mon cher Cinq-Marcs. J'ai voulu, en dépit de madame d'Effiat et de son cardinal, jouir encore une fois du bonheur d'être dans vos bras, et retarder, au moins d'une nuit le triomphe de ma rivale. — Comment n'ai-je pas été averti par le charme que vos douces caresses me causaient, que c'était vous, ma chère Marion; mais de si agréables momens ne peuvent-ils se répéter? Je restai assez pour prouver que j'étais maîtresse de moi, pas trop pour me priver de recevoir de celui qui avait été mon époux, la preuve qu'il ne regrettait pas même Marie de Gonzague en étant avec moi.

Jamais il n'avait été si aimable. Je profitai de ce moment de liberté, qui en effet, fut le dernier que j'eus avec lui, pour l'engager à mettre une extrême circonspection dans sa conduite

politique. « Vous m'avez sacrifiée à
l'amour que vous avez pour votre
mère; ne pouvez-vous donc pas sacrifier
à cet amour, cette soif d'ambition qui
vous perdra. Voyez le cardinal. Il est
sur le bord de la fosse; attendez, et
lorsqu'il ne sera plus, vous obtiendrez
sans peine ce que vous ne pouvez espérer tant qu'il vivra, et avec un danger imminent. Il m'assura qu'il s'était
dit à lui-même ce que je voulais
lui persuader ; mais qu'il ne pouvait
plus soutenir l'arrogance du premier
ministre. — N'a-t-il pas eu l'audace
de me dire que c'était à lui que je
devais la faveur dont je jouissais auprès du roi, et qu'il saurait bien me
la faire perdre, si je prétendais pouvoir
me passer de lui; mais je puis vous assurer, ma chère, qu'il ne sera pas encore long-temps le maître de ma destinée et de celle de toute la France. —
Prenez garde, monsieur de Cinq-Marcs,

qu'il ne vous entraîne dans sa chute, si
vous voulez en devancer l'instant. » Il
me parla de mademoiselle de Mantoue,
m'assura qu'il ne l'aimait point, qu'il
n'aimait que moi, et qu'il n'aimerait
personne autant qu'il m'avait aimée;
mais que s'il pouvait l'obtenir en
mariage , cette alliance fortifierait
le parti opposé au cardinal. Enfin,
après nous être donné mutuellement
des témoignages d'attachement et d'estime, je l'engageai à me ramener au
bal, parce que Ninon serait inquiète.
Il m'assura que c'était à regret qu'il me
voyait décidée à abréger des momens
qui lui étaient si agréables. « J'aime à le
croire; mais il faut suivre chacun notre route ; peut-être nous rencontre-
rons-nous encore quelquefois. Dans
la position où nous sommes , il est impossible que ce soit chez moi. Si le
cardinal le savait ou madame d'Effiat,
elle aurait bientôt obtenu de Son Emi-

nence une lettre de cachet pour m'en-
fermer dans quelque couvent, et je
n'en ai nulle envie. »

Revenue au bal, je repris mon do-
mino noir et je cherchai Ninon, qui
de son côté s'inquiétait de ne pas me
trouver. Je n'eus rien de plus pressé
que de lui raconter mon aventure :
elle en rit beaucoup et me dit : il ne
retrouvera pas ici Mlle de Gonzague,
elle est partie avec la reine, il y a long-
temps ; et j'en éprouvai un secret plaisir.
Quant au chevalier de Grammont, il
était furieux, il prétendait que je l'a-
vais joué. Il avait grand tort, le ha-
zard avait tout fait : mais à la vérité
je ne tenais pas assez à lui, pour ne
pas profiter de me trouver tête à tête
avec un homme qui me plaisait quoiqu'il eût été mon mari. M. de Grammont bouda et sortit du bal ; Saint-
Evremont le remplaça et m'offrit son
bras. Nous restâmes encore une heure

dans la salle, et Villarceau toujours
bon et fidèle ami n'eut point d'humeur, il imagina facilement avec qui
j'avais passé le temps de mon absence,
et il s'en formalisa d'autant moins,
qu'il était resté avec Ninon ; et pouvait-
on regretter qui que ce fût quand
on avait le bonheur de l'occuper un
instant?

Le lendemain le chevalier de Grammont vint me voir et voulut se plaindre ; je lui demandai de quel droit ;
que je ne lui en connaissais aucuns et
qu'il ne s'imaginait pas apparemment
que je devais renoncer à tous mes amis,
pour ne m'occuper que de lui, que j'a-
vais rencontré une personne à qui j'a-
vais eu à parler d'une affaire importante, et que cette conversation avait
été plus longue que je ne l'avais pensé, qu'ensuite je l'avais cherché et ne
l'avais pas trouvé, qu'ainsi c'était lui
qui avait tort ; mais comme je suis

bonne je voulus bien pardonner. Il
scella ce pardon par un baiser. Quand
on a dix-huit ans, et que l'on est pas-
sablement amoureux c'est bien peu de
choses : en obtint-il davantage ? On
me permettra de ne pas tout dire.

FIN DU SECOND VOLUME.

www.ingramcontent.com/pod-product-compliance
Lightning Source LLC
Chambersburg PA
CBHW070614100426
42744CB00006B/473